経営事例の質的比較分析

スモールデータで因果を探る

田村正紀 ［著］

東京 白桃書房 神田

はしがき

　科学が作り出そうとする知識の中核は因果知識である。どのような原因条件によって，どのような結果が生まれるのか，この因果知識があれば，原因条件を統制することによって，将来の出来事や結果を統制する途が開ける。因果知識の提供は，社会が科学に期待するもっとも大きい効用である。

　実証研究によって因果知識を獲得するため，社会科学ではふたつの方法がとられてきた。ひとつは統計学による計量研究であり，他のひとつは事例にもとづく定性研究である。計量研究は分析に必要な十分な数のデータが利用できる領域で盛んに行われてきた。これに対して，事例にもとづく定性研究は統計分析が不可能な領域での主要な方法であった。統計学が定型的な分析技法を多様に展開してきたのに対して，事例研究の方法は非定型的であり，その多くは指針の域をでないものであった。統計分析しか知らない者の目には，事例研究の方法は科学的方法というよりも，一種の技芸として映じているかもしれない。

　しかし，前世紀の終わり頃から，因果知識の獲得を目指す事例研究の方法論に革新が生じた。QCA（Qualitative Comparative Analysis, 質的比較分析）と呼ばれる方法の登場である。欧米ではこの方法は政治学，社会学，経済学，経営学，法学など社会科学の主要分野に急速に拡がっている。それはその開発者にちなんで「レイガン革命」とまで呼ばれるようになった。

　QCAは統計分析が使えず，スモールデータとしかいえないような少数事例から因果知識を引き出そうとする定型的な方法である。しかも，原因条件やそれが生み出す結果についてのコンセプト（概念）が精密に規定できずファジイであるような領域にまで，その分析射程を広げている。ファジイな領

域での少数事例から複雑な因果関係を探る。QCAの挑戦はきわめて野心的である。QCAは従来の計量研究と定性研究の橋渡しをするだけでなく，この両者を止揚する第3の途を切り開こうとしているようにも見える。

　QCAが挑戦している課題は，経営研究者や産業人が直面する問題と相似している。経営の世界では，急速な変化は茶飯事であり，新しい事象が日々生まれている。それに対応してどう行動すればよいのか。それは経営世界での最重要課題である。その指針となるのは，その創発事象を支配している因果についての知識である。しかしそれを発見するためのデータはスモールデータであり，原因や結果を捉えるコンセプト自体も流動的でファジイである。さらに複数原因が相互作用し因果関係は錯綜している。この領域では最新の統計技法ですら，多くの場合，陸に上がったカッパになる。

　これらのことを念頭に置き，ほぼ10年も前に筆者は，経営知識創造を目指すリサーチ・デザインで，QCAが重要な分析技法になることを指摘した（『リサーチ・デザイン－経営知識創造の基本技術』白桃書房, 2006年）。幸いにして，この書は現在にいたるまで毎年版を重ねたから，多くの読者がQCAの存在を知ったはずである。それにもかかわらず，欧米での急速な普及とは対照的に，わが国でのQCA利用はまだほとんど普及していない。社会学や政治学の領域においてさえ，少数の専門書や論文が現れているにすぎない。経営学の領域ではその利用は皆無に近い。

　経営学や産業界での利用にかぎれば，普及の障害として次の2点が考えられる。ひとつは，欧米でもQCA利用の手引き書は近年になってようやく出始めたが，邦語文献ではQCA利用の手引きになるようなテキストがまだ存在しないことである。QCAを習得しようとすれば，いくつかの専門的な外国文献に当たる必要がある。もうひとつの理由は，QCAが社会学・政治学の領域で生誕したことを反映して，外国文献でもその利用は社会学や政治学

の問題領域を例に語られていることが多い。これが経営学徒の理解を妨げている。

　本書はこれらの障害を克服するために，経営学の問題領域を例として使いながら，QCAの考え方やその基本技法を概説した。本書をテキストにしてその知識を習得すれば，QCAによる経営事例分析に取りかかることができよう。QCAに関心を持つ経営学徒以外の読者も理解できるように，使っている経営事例は専門知識を要しない簡単な事例とした。QCAの本格的利用をめざす専門的な調査・研究者を主たる対象にした補論を除けば，本書を読むのに何らの事前知識も前提にしていない。QCAは集合論やブール代数を使うがそのほとんどは高校初年度で習う水準の初歩的なものであり，事前知識なしで理解できるものである。本書によってQCA利用が普及し，経営学や産業界での事例研究・調査の水準が向上することを祈念している。

　最後に，本書の校正に関して，坂川裕司（北海道大学）氏のご協力をいただいた。また，出版事情が厳しいにもかかわらず，本書の出版を快く引き受けていただいただけでなく，編集など種々の労をおとりいただいた白桃書房の大矢栄一郎社長に感謝を申し上げたい。

2015年6月20日

田村　正紀

経営事例へのQCA推論法
目次　　　　　　　　　　　　　　　　　　　　　　CONTENTS

はしがき … i

第1章　事例研究の転換―実例から理論事例へ

1. なぜ事例研究を行うのか ……………………………………… 2
   - ▶事例研究への関心 ……………………………………… 2
   - ▶事例模倣の落とし穴 …………………………………… 5
2. 実例から理論事例へ …………………………………………… 7
   - ▶実例研究の欠陥 ………………………………………… 7
   - ▶理論事例の視点 ………………………………………… 11
3. 理論事例研究ナビゲータとしてのQCA ……………………… 15
   - ▶2種のリサーチ・デザイン …………………………… 15
   - ▶QCAの登場 ……………………………………………… 16
   - ▶QCAの手法特性 ………………………………………… 19
   - ▶本書の以下の構成 ……………………………………… 26

第2章　事例を理論概念でどう捉えるか

1. 事例容器としての概念 ………………………………………… 30
   - ▶概念と事例の対応 ……………………………………… 30
   - ▶2種の容器　クレスプ集合とファジイ集合 ………… 35
   - ▶ファジイ集合の特質 …………………………………… 38
2. 集合への配属方法 ……………………………………………… 42
   - ▶配属とはどのような過程か …………………………… 42
   - ▶計量データの利用 ……………………………………… 43

3. 集合関係を作るための基本演算 45
- ▶集合の和, 積, 否定 45
- ▶ファジイ集合の基本演算 48
- ▶論理演算子の組み合わせルール 50
- ▶実証研究での集合演算の使い方 52
- ▶複雑な集合での成員スコアの計算 58

補論：外的基準が明確でない場合のファジイ集合への配属方法 ... 60

第3章　因果関係をどう捉えるか

1. 集合関係を見る視点 67
- ▶2種の視点 67
- ▶因果関係の非対称性 68
- ▶原因条件の十分性と必要性 69

2. クリスプ集合での十分条件と必要条件 71
- ▶十分条件の探索 71
- ▶十分条件の探索手順 74
- ▶必要条件とは何か 78
- ▶必要条件の探索手順 81

3. ファジイ集合での十分条件と必要条件 84
- ▶十分条件 84
- ▶必要条件 87

4. 因果複雑性 87
- ▶統計分析で対応困難な問題 87
- ▶QCAが扱う因果複雑性 89
- ▶INUS条件とSUIN条件 92

第4章　因果関係をデータからどう推論するか

1. データ行列から真理表へ 99
    ▶完備真理表作成の全体プロセス 99
    ▶出発点としてのデータ行列 101
    ▶分析者の判断介入がなぜ必要になるのか 103
2. ファジィ集合の真理表作成 105
    ▶属性空間のコンセプト 105
    ▶真理表行への事例帰属の方法 108
    ▶結果の値をどう設定するか 111
3. 完備真理表の解 113
    ▶解導出の全体的な過程 113
    ▶論理簡単化 115
    ▶論理的に余分な項の除去 119
    ▶標準分析による3種の解 121
    ▶リサーチ・サイクルでのQCA 124
補論：ポップアップ・ウィンドウ〈Prime Implicant Chart〉の操作 .. 126

第5章　データは推論をどう支持しているか

1. データとの整合性 131
    ▶真理表への変換で生じる経験世界との対応 131
    ▶クリスプ集合での整合性 134
    ▶ファジィ集合での整合性 135
    ▶素整合性と解整合性 137
    ▶PRI整合性 138

2. 整合性水準の評価 139
    ▶なぜ整合性が低くなるのか 139
    ▶整合性水準はどのくらい必要か 142
    ▶整合性水準の設定にどの手法を選ぶべきか 144
3. 推論結果の検証 148
    ▶経路整合性と解整合性 148
    ▶十分条件の被覆度 150
    ▶素被覆度, 固有被覆度, 及び解被覆度 152
4. 必要条件の整合性と被覆度 155
    ▶必要条件の整合性 155
    ▶必要条件の被覆度 156
補論：二項検定と正規検定 158
    ▶二項検定 158
    ▶Z検定 160

第6章　真理表の解は何を意味するのか

1. 論理残余の重要性 165
    ▶限定された多様性 165
    ▶事例：地域名産品の全国ブランド化 上手くいかない統計分析 .. 168
    ▶論理残余への想定で異なる解 172
2. 「標準分析」の解の特質 175
    ▶論理残余想定が生み出す種々の解の関連 175
    ▶「標準分析」の戦略 177
3. 検討すべき解の選択 181
    ▶選択の指針 181

- ▶未来解の探索 …………………………………………… 182
- ▶複雑な中間解の事例：観光地アメニティ …………… 184

第7章 リサーチ・プロセスへQCAをどう組み込むか

- ▶リサーチ・プロセス ……………………………………… 190
- **1. デザイン・プロセスでの作法** ………………………… 191
  - ▶研究課題の設定作法 …………………………………… 192
  - ▶事例選択の作法 ………………………………………… 196
  - ▶連結ピンとしての事例内分析 ………………………… 198
- **2. 分析プロセスの作法** …………………………………… 200
  - ▶理論概念への事例配属の作法 ………………………… 200
  - ▶真理表分析の作法 ……………………………………… 202
- **3. デザインと分析の統合戦略：観光地アメニティ事例** …… 204
  - ▶MDSOとMSDO ……………………………………… 204
  - ▶事例間のブール距離 …………………………………… 207
  - ▶原因条件の絞り込み …………………………………… 209
  - ▶真理表分析 ……………………………………………… 210
- **4. 最終結果の検討** ………………………………………… 212

第1章
事例研究の転換
実例から理論事例へ

1. なぜ事例研究を行うのか

▶事例研究への関心

　大きい書店に行ってみよう。そこはどのような本があるか，どのような新刊が出たのかの情報を提供するだけではない。そこは世間の人たちが何に関心・興味を持ち，どのような情報を求めているかの鏡でもある。どのようなジャンルの書棚に多くの人が集まっているのか。どのような本を手に取っているのか。その人達の年齢層，性差，学生かビジネス・パーソンかあるいは主婦かを外見から推察すれば，社会の各層の情報ニーズがわかるだろう。

　これらの鏡像を見るため，大書店にはたびたび足を運び，どのような書棚の前にどのような人が立っているか定時点に観察していけば，時代の推移がよくわかる。30年ほど前には岩波文庫の書棚には多くの人が群がっていた。マンガの書棚前の大半は子どもたちであった。今では岩波文庫前には人影はまばらであり，マンガの前には子どもだけでなく大人もあふれている。経営学の書棚でも同じようなことが生じている。半世紀前には研究者が書いた専門書が書棚の大部分を占めていており，ビジネス書は少数であった。現在ではビジネス書が大半を占め，専門書は片隅に追いやられている。

　何がこの変化を生み出したのだろうか。出版界の事情，読者層の変化など要因は多様である。その中で出版側の事情に絞れば，多くの専門書がたんに文献研究にとどまり，その主張に実証的な裏付けがないことであった。この事態はその後に急速に改善され始め，専門書の多くが現実の経営世界を取り上げるようになった。抽象理論の例示として，また事例研究の対象として，あるいは統計分析の標本として，経営世界の実例が取り上げられた。これらの努力も専門書の退潮を食い止めることはできなかった。

　この背後には，経営世界における変化の加速化がある。経営世界とは，企業を取り巻き，企業がそこで活動している範囲の総体である。とくに最近の

30年間，経営世界を激震させる大変化が生じた。国際化，情報革命をはじめとする種々の技術革新，規制緩和，消費者の生活価値観の変化，そしてこれらを背景にした経営様式のイノベーション，これらがその代表例であろう。これにより成果を上げる経営のやり方が変わり，激しい企業盛衰が生じた。ユニクロ，楽天のように昨日の中小企業が今日の大企業になり，ダイエーやセゾンのように巨大企業でも歴史の闇に消えるものが出た。

このように経営をすれば，こういう結果が出る。経営活動やその環境が何らかの結果を生み出すさいの関連パターンを経営法則と呼んでおこう。結果というのは，たんに市場シェア，売上高，営業利益やこれらの成長率といった，財務業績を中心にした経営成果だけではない。国際化，組織構造変化，従業員の士気，顧客満足，ブランド資産など，企業人がその成り行きに関心を持つあらゆる物事について，特定の経営活動やその環境が生み出す最終的な事態や変化を含む。このような意味での結果という用語を，文脈よりとくに明記する必要のあるさいには，以下で「結果」という表記も用いよう。

経営法則の内容は，経営活動とそれを取り巻く環境条件がどのような結果を生み出すかの因果知識だ。経営法則の知識はビジネスマン，経営者，そして将来これらを目指す学生にとって不可欠である。経営法則など存在しないという人がいるかもしれない。たしかに法則というものを，いつでもどこでも妥当する普遍規則と解すればそうかもしれない。しかし，自然科学での普遍法則の多くは理想的な実験室状況の中でのルールである。水の沸点のように実験条件が変われば変化する。地球温暖化など自然環境変化によって，変化する自然法則もある。

自然法則とくらべると，経営法則は法則といっても普遍法則ではなく，該当する場所と時間を制約された限定法則である。とくに時間的制約が強く，その妥当性が短期間で変化する。昨日まで成功を導いたやり方が今日は失敗のもとになる。経営世界はそれを律する法則が比較的に短期間で変わってい

く世界である。経営学は多くの自然科学のように普遍法則を探求する科学ではない。むしろ法則の変化を追求する科学であるといえよう。経営学に永遠の真理があるとすれば，それは経営法則が比較的短期間で変わっていくことだろう。

なぜ変化が速いのだろうか。経営法則を導出するには実験室はほとんど使えない。ほとんどの経営法則は経営現場で生じる出来事の観察データから導かれたものである。経営現場には経営法則に影響する市場，技術，法律など多様なコンテキスト要因がある。これらの条件要因が大きく頻繁に変化すれば，現場観察から導出された経営法則の変化も加速化していく。

経営学は，経営の現実世界と関連を持ちながら，経営法則を導出しようとする実証科学である。経営学は数学などのように演繹だけから法則を導出しようとしない。数学モデルを使うにしても，それは補助的な利用にとどまる。経営法則を導出するもっともたしかなツールとして，もっとも多く使われてきたのは統計学である。統計学は多くの事例（標本）にまたがる要因間の平均的な関連を明らかにしようとする。このため，統計学は経営法則を発見する最強のツールとして利用されてきた。

しかし，この利用には大前提がある。統計分析を可能にするに十分な数の標本（事例）データが確保できること，理想的には加減乗除ができる数値データであること，そしてこれらの標本データを抽出した母集団が明確であることなどだ。これらが揃えば，統計学は経営法則を捉える強力な武器になる。しかし経営世界が激動しているとき，探求すべき新事象が絶えず発生する。これらについて統計分析の前提は揃っていない。データが揃うのを待っている間に，統計分析による研究は経営世界の変化から遅れてしまう。データ分析にもとづく理論思考はさらに遅れる。

経営世界が激動して創発事象が多くなると，その情報鮮度はますます重要になる。情報の量，正確性，意味解釈などをたとえ犠牲にしても，取りあえ

ず少しでも新しい情報が欲しい。この種の欲求は，経営世界に登場する種々なイノベーションについては強いだろう。とくにイノベーションを実践している企業や消費の先端傾向などには関心が集まる。経営世界の変化が激しくなってくるほど，このような欲求は強くなっていく。最新事例を盛り込んだビジネス書が経営学の書棚を占拠しているのはこの反映である。

　ビジネス書の台頭に刺激されたのだろうか。経営シンクタンクやコンサル会社などはクライアントから依頼を受けて先端的なテーマを研究調査している。その未公表の調査報告書にも多くの事例研究が取り入れられている。研究者による専門書にも事例を取り上げるものが多くなった。理論を主題にする場合にも，それを例証する事例をそえたり，あるいは特定テーマについての一種の共同研究として，いくつかの事例研究を集めた編著が多くなった。情報鮮度という点から見ると，これらは遅れてやってきたジャーナリストの観がある。

▶事例模倣の落とし穴

　統計分析をできない少数事例について，取りあえずその実態だけでも知っておこう。これが事例研究への主要な関心であることはたしかだ。しかしそれだけではない。経営世界でもっともニーズが強い情報は，目的・手段知識である。ある目的を達成するのにどのような手段があり，どれを選べばよいのかの知識である。事例への関心にはこの目的・手段知識の探求もある。事例からどのようにしてこの種の知識を得るのか。そのもっとも単純な方法は事例でのやり方を模倣することである。政治家が歴史に学ぶのと同じように，産業人は経営事例に学ぼうとしている。

　事例といっても，この言葉の用法は多義的である。ハーバード大学から始まったケース・メソッドによる教育でも教材はケース（事例）と呼ばれる。そこでの事例研究（ケーススタディ）とは，事例を教材にして，どう意思決

定すべきかを検討・議論して，それを通じて意思決定能力をみがく教育演習である。ここで事例とは企業など意思決定者が置かれている状況を記述した小冊子である。[1]

統計分析では事例は標本と呼ばれているが，異常値を示す標本に関連した分析結果では，その解釈にさいして特定標本が事例と呼ばれることもある。たとえば，47の都道府県データを統計分析すると，東京都がしばしば異常値として現れ，東京事例の処理が重要問題になる。

しかし，本書でいう事例研究での事例はこれらとは異なる。それは経営法則発見のために利用されるデータとしての事例である。多くの場合，一定期間に特定の地理空間で実際に生じた，経営世界ではよく知られていない新しい一連の実例である。

経営事例は何らかの「結果」の実例物語が多い。企業の成長や国際化，業務改善やイノベーション，ブランドや新製品の開発成功，トップセールスマンの成功物語，まちづくりに成功した都市の話，観光客誘致に成功した振興の実例，消費者の贅沢指向などである。物語であるから，この結果に連なる一連の出来事を記述している。出来事と結果を関連付ける言語表現には，「影響する」，「関連する」，「作用する」，「…による」，「…に由来する」，「…によって生まれる」などがある。だからこの種の物語には，結果とそれを生み出した原因条件の関係，つまり因果関係が，おぼろげで暗示的にせよ埋め込まれている。

経営世界でよくみられる事例の模倣は，この因果知識を目的・手段知識に変換しようとするものだ。ある目的を達成するには，どのような手段があるのか。それが目的・手段知識である。図1.1が示すように，因果関係では目的・手段関係が逆転して現れる。原因が手段に対応し，目的が結果に対応している。企業成長などの結果がどのような原因条件で生み出されているのか。この因果知識があれば，ある水準の企業成長目的を達成するには，企業成長

---

[1] たとえば，池尾恭一『マーケティング・ケーススタディ』碩学舎，2015年を参照。

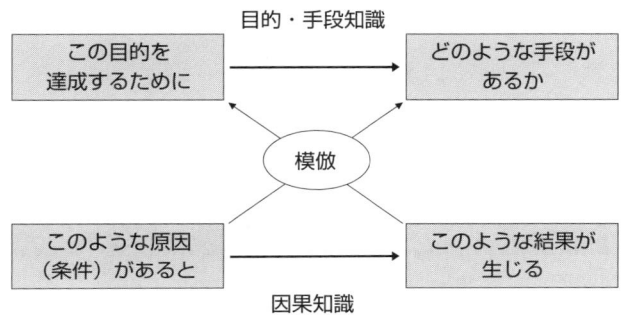

図1.1 目的・手段知識と因果知識の関係

を引き起こしている原因条件のうちで、行動主体が統制できる原因条件を手段として選べばよいという発想が成り立つのである。しかし、この模倣には落とし穴がある。

2. 実例から理論事例へ

▶実例研究の欠陥

　経営事例研究にはイノベーションなど新事象や従来ほとんど注目されてこなかった事象を扱った実例研究が多い。多くの場合，少数事例しかないので，その実態を解明するだけでも多くの研究調査努力を要する。利用できる既存資料が少ない場合には，ヒアリングを始めフィールドワークを積み重ねなければならない場合も多い。これらによって，貴重な事実発見に寄与した実例研究もあった。

　しかし，事例研究への情報ニーズは，情報が少ない領域についての実態情報だけではない。同時に，目的・手段知識の源泉として，その事例が語る「結果」を生み出した因果物語が求められている。ユニクロ事例を読むさい，人々の

最大の関心はその経営実態だけでなく，なぜユニクロはこのように成功したのだろうということであろう。この種の因果知識へのニーズから見ると，多くの事例研究はそのニーズを満たすことができるだろうか。

目的・手段知識に変換できるような因果知識が含まれているかどうか。この観点から見ると，実例研究にはポイント1.1のような欠陥がある。

因果知識源としての実例研究の欠陥　　　　　　　　　　　　ポイント1.1

➢ 分析焦点が多面的で定まっていない。
➢ 結果や原因条件がその事例特有の局所的なコンテキストで語られる。普通名詞の理論概念ではなく，そのコンテキストを離れるとそれ自体意味を持たない固有名詞で語られる。
➢ 事例記述を支える理論的な因果図式（モデル）はない。

　実例研究は実例の記述に終始する。しかし，実例といってもその全体像は極めて複雑である。たとえばユニクロの実像の全体は，創業以来からの同社の時空間にひろがる活動の総体である。その全体像はいわば語り尽くせぬものである。こうしてユニクロ事例について記述しようとするとき，事例研究者の個人的関心が入り込み，また資料解読能力が影響する。それによって全体像の部分が切り取られることになる。5人の人に同じ資料を与えてユニクロ事例を書かせても，それぞれの関心や資料解読能力を反映した5つの異なるユニクロ物語ができあがる。

　実例記述に終始するときには，研究者の個人的関心は多面にわたり焦点が定まらないことになる。関心が多面にわたると，事例で問題にすべき「結果」が多面にわたり，それに対応して原因条件に関連する要因も多様化する。このため問題とすべき因果関係は錯綜する。

　実例研究は事例をその特異な局所的コンテキストで語り，記述する。コン

テキストとは，一連の事象が生じた特定の時間，場所，関係者とその行為目的，モノなどのネットワークが作り出す事象生起の背景である。それは事象生起の場を特徴付ける。実例事例の特徴はこのコンテキストの特異性あるいは局所性にある。だからその記述では，多くの固有名詞が現れる。その事例に含まれる「結果」やその原因条件も，特異なコンテキストに埋め込まれて登場する。その語り口は新聞や雑誌の報道記事と大差はない。その内容はいつ，どこで，誰が，何を，どのように，何故したかである。

実例研究では結果やその原因条件にかかわる要因が普通名詞で現れる場合でも，その意味を通念に依拠する日常語として現れる。たとえば，マーケティングや流通研究者は，国際化，ブランド，まちづくり，イノベーション，観光振興などを，事例研究の対象としてしばしば取り上げる。これらの事例研究では，その研究目的からしてブランド化，まちづくり，イノベーション，観光振興などが説明すべき「結果」となるはずである。しかし，これらの「結果」概念が理論的に分析されることはまれである。国際化，ブランド化，まちづくり，イノベーション，観光振興とは，それぞれ一体何であるのか。その理解はいわば通念的な理解に依拠してきた。[2]

これと関連して，この「結果」概念は事例によってその状態が変わる理論的な概念変数としても設定されていない。国際化している企業とそうでない企業，ブランドとそうでないもの，まちづくりとまちづくりでないもの，イノベーションと非イノベーション，観光振興と振興していないもの，事例によってこれら二状態にどう分けるのか，その基準が明らかではない。あるいは連続的に捉えるにしても，そのさいの尺度が明確に示されていない。

この基準への無関心は，これらの「結果」概念をたとえば国際化しているかしていないかのように，イエスかノー，1か0かという二値をとる名義変数と解しても，国際化している企業だけ，ブランドだけ，まちづくりをしているところだけといった，一方の値だけを持つ事例を研究対象にすることに

---

[2] 矢作敏行の事例研究（『小売国際化のプロセス—理論とケースで考える』有斐閣，2007年など）はこの数少ない例外である。

も現れている。成功事例だけを扱う事例研究も同じである。複数事例を扱う場合でもほとんどの実例研究は，「結果」の変動が事例間でない複数事例を取り上げている。

　実例研究でよく見かけるスタイルでは，資料収集やヒアリングができるという便宜的な理由で適当に選別された，いくつかの成功事例だけを取り上げる。そして成功と関連していそうな活動，組織，仕組みを成功要因として指摘している。この種の事例研究で指定される成功要因は，成功という「結果」を生み出した原因条件と見なせるだろうか。原因条件として働く場合，それらは結果を生み出す必要条件か十分条件としての資格を備えている場合が多い。

　成功要因は必要条件を指摘しているのだろうか。必要条件とはすべての成功事例が共通して持つ条件である。その条件の検証には，その成功要因を備えずに成功している事例が存在しないことを示さねばならない。その成功要因以外の要因によって成功している事例が存在すれば，その成功要因は必要条件ではないのである。だから成功要因を備えない事例をさらに調べ，それらが成功していないことを確認しなければならない。成功事例だけを集めてその共通の特徴を指摘したとしても，必要条件を明らかにしたことにはならない。

　成功事例の共通の特徴を指摘するこの事例研究スタイルは，あるいは成功への十分条件を指摘しているのだろうか。十分条件とは，その条件を満たせばかならず成功する条件である。この条件の検証には，その特徴を持つ企業で不成功企業が存在しないことを指摘しなければならない。だから成功要因を備えた企業を調べて，結果が不成功の企業が存在しないことを確認しなければならない。

　成功の事例研究で指摘される成功要因は，それだけでは成功の必要条件でも十分条件でもない。その成功要因は「結果」を生み出す原因条件であるとはまだいえない。だからその成功要因を模倣しても，成功を保証するとはかぎらない。

成功要因の指摘さえも行わない事例研究では，因果知識の獲得はさらに困難になる。複数の「結果」が登場したり，また「結果」概念が不明確であったり，「結果」が同じような事例だけを取り上げたりすることから，原因条件も不明確になる。原因条件となるような実例要因が理論概念によって解釈されることもまれである。

　要するに，事例記述の背後に因果図式をうかがえるような実例研究は極めて少ないといえよう。結果として，事例研究の目的としての説明すべき「結果」とその原因条件との因果関係は，文章記述の紙背にその姿をおぼろげな形をとってうかがわせるにすぎない。それを読み取れるのは，その領域を熟知した研究者や洞察力に優れた産業人だけであろう。

　以上のような欠陥のために，実例研究はいくら積み重ねても因果知識の蓄積にほとんど貢献しない。同じような研究テーマのように見えても，焦点が定まらず，「結果」や原因条件の概念が不定型であるために，事例研究間での比較・検証ができず，知識が積み上がらないのである。同じことは，共通テーマについての複数の研究者による共同研究にも当てはまる。そこでも標準化されたデータ収集や分析を行っていないので，比較事例分析ができていない。個別事例のたんなる集積があるだけで編集作業が欠落している。

▶理論事例の視点

　事例から目的・手段知識のベースになる因果知識を得ようとするなら，事例を理論事例として分析しなければならない。理論事例とはどのようなものだろうか。その特徴はポイント1.2のように要約できよう。[3] これらは実例研究の欠陥を補おうとするものである。

　実例とは異なる理論事例の特徴は，「これは何の事例であるのか」という問いを発する点にある。[4] 実例記述だけではこれを問うことはないが，理論事例では常に問われる基本問題である。この問題にはふたつの側面がある。ひ

---

3) George, A.L. and A. Bentt, *Case Studies and Theory Development in the Social Sciences*, MIT Press, 2005（泉川泰博訳『社会科学のケース・スタディ：理論形成のための定性的方法』勁草書房，2013年）にも同種の主張がある。
4) Ragin, C.C. and H.S. Becker, eds., *What is a Case?: Exploring the Foundations of Social Inquiry*, Cambridge University Press, 1992.

とつはその事例がどのような理論（概念）の事例であるのかということであり，他のひとつはその事例の母集団は何かということである。

理論事例の特徴 ポイント1.2

- 分析の焦点は定まっている。とくに研究目的は，因果分析で説明すべき「結果」として設定されている。
- 結果やその原因条件は，固有名詞だけでなく，それを実例として含む普通名詞の理論概念として設定される。
- 結果と原因条件の関連についていくつかの関連仮説（因果図式ないし因果モデル）を想定し，それをベースに事例記述を行う。
- 研究目的に添って事例選択を行い，その事例の母集団は何かを問う。

◆理論概念による分析焦点の設定

　実例を何らかの理論概念の例と見なすことによって，まず事例分析の焦点が定まる。たとえば，セブン-イレブンはひとつの事業会社である。しかし，研究目的に応じて，セブン-イレブンは複数の理論事例になる。少なくとも同社は，持続成長，コンビニ・フォーマット（業務遂行方式），プライベート・ブランド開発，機動売場（個店の需要変化へ即時対応する売場）など，流通理論概念の興味深い理論事例になる。

　理論事例の特徴は，事例を一般的な理論概念の実例として取り扱う点にある。概念とは個々の事物からその共通の特徴・性質を取り出して作られた表象・観念・イメージであり，理論概念は概念を論理的に議論するために明確に定義したものである。一般的な理論概念で実例を捉え直したもの，それが理論事例である。

　特定の理論事例では，実例を見る焦点が理論的に絞り込まれている。とくに重要なのは事例の研究課題であり，それを反映して事例研究で説明すべき「結

果」を明確に定義し設定しておかねばならない。それは回帰分析など統計分析で説明すべき従属変数をひとつに絞り込むのと同じである。上例では，持続成長の達成，コンビニ・フォーマットの競争優位性，プライベート・ブランド開発の成功，機動売場の競争優位性などが，事例分析で説明すべき「結果」となろう。

理論事例でも実例と同じように特異コンテキストでの一連の事象を語り記述する。しかしそれはその事例に特異な事象やコンテキストを何らかの理論概念の例示として語るためである。たとえばセブン-イレブンを理論事例として扱うさいには，創業より今日までのセブン-イレブンの経常利益の持続成長という実例は，持続成長という理論概念の例示として語られる。だから理論事例では固有名詞はそれを一例として含む普通名詞としての理論概念に解釈し直される。セブン-イレブンの成功を導いた総帥，鈴木敏文を，カリスマ型経営者として語ることも同様である。

事例研究で説明すべき「結果」を絞ることに対応して，その原因条件になる要因もある範囲に絞られる。それらの要因についても，セブン-イレブンに固有の局所的条件を一般的な理論概念の実例として捉える必要がある。たとえば，その巨大売上高は仕入先との交渉力という理論概念の実例として捉えられる。こうして理論事例では，結果とその原因条件との何らかの因果関連を念頭に置き，絶えずそれを精錬しながら研究を進めることになる。

◆母集団探索による範囲条件の確認

これは何の事例であるのかという問いのもうひとつの側面は，その事例の母集団は何かという問題である。母集団という用語はもっぱら統計学で使われてきた。それは調査対象となる事物の集団であり，標本を抽出する元の集団全体を指す。統計学の主要な関心は標本での観察が母集団でも当てはまるかどうかにある。したがって統計学では調査に先立って，標本を抽出する母集団が前もって設定されている。政治に関する世論調査を行うときなどでは，

その母集団は成人の日本人全体である。標本はこの母集団からできる限り無作為に抽出される。

統計分析では母集団は標本での観察結果が当てはまるかどうかを検証する範囲である。同じように，事例分析でいう母集団もその事例の分析結果が妥当する範囲を指している。特定事例の分析結果は他のどのような事例にも当てはまると考えられるか。当てはまる事例の範囲，これが事例研究での母集団である。この範囲の特徴を明示的に示すとき，それらは事例研究の分析結果を適用できる範囲条件になる。この事例は何の事例であるかという問いは，理論事例研究ではこの範囲条件を問う問いでもある。

事例研究では母集団から事例を無作為抽出して選択するということはしない。おおよそ母集団と考えられる集団の中で位置付けがはっきりしている事例を選ぶ。この位置付けから見た理論事例のタイプには，代表事例（総合量販店の代表としてのイオン），先端事例（ネット通販の先端としての楽天），逸脱事例（垂直統合型衣服専門店の例外としてのしまむら），原型事例（百貨店業態の創造者としての三越）などである。[5] 経営事例研究の中でも，多くの人の関心を引きつけるタイプは先端事例や逸脱事例であろう。これらのタイプは未来の予兆を含み，また「結果」への別の途を示唆することが多いからである。

しかし，このようにタイプを選んで理論事例研究を始めても，その事例の母集団は何かという問いは，分析の全過程で問われ続ける。この問いは，事例の分析結果を適用できる範囲を確定する問題でもある。たとえ，楽天をネット通販の先端事例として選んでも，その分析結果がすべてのネット通販企業に当てはまるとはかぎらない。母集団は何かという問いは，事例分析の分析結果を適用できる範囲条件を厳密に確定していく作業である。

以上のような視点から見ると，ある成功企業での活動様式をそのまま模倣して同じような成功を期待するということは，暗黙の内にその企業を成功の

---

5) 事例タイプのより詳細な説明は，田村正紀『リサーチ・デザイン：経営知識創造の基本技術』白桃書房，2006年を参照。

理論事例であるかのように想定しているのと同じことである。しかも模倣側が成功企業と同じ母集団に所属していると想定している。しかし，成功事例を模倣しても上手くいくかどうかは，成功企業を理論事例として分析し，範囲条件を明らかにした後でないとわからない。目的・手段知識のベースになるような因果知識を創造するに当たって，事例研究を実例研究から理論事例研究に転換する必要があるのはこのためである。

3. 理論事例研究ナビゲータとしてのQCA

▶ 2種のリサーチ・デザイン

　理論事例研究をどのように進めればよいのか。それはリサーチ・デザインが単独事例か比較事例かによって異なる。単独事例の場合の代表的な技法は過程追跡である。過程追跡では，原因条件が「結果」を生み出すメカニズムを明らかにする必要がある。そのためには経時的な詳細なデータが必要になる。企業事例の場合には，長期間にわたる事業活動の記録資料や多くのヒアリングが必要になる。これらによって「結果」を生み出した足跡をたどるのである。

　この種のデータは企業機密のため研究に利用できることは少ない。とくに製品開発，取引様式，営業，情報システム，物流など，経営成果に直接影響する活動についてヒアリングなどができたとしても，それらを論文，報告書などに公表するにさいして，企業機密保持のため待ったがかかる場合が多い。過程追跡の成果を公表できるのは，有価証券報告書が利用でき，またその活動がマスコミの監視下に置かれているため，新聞・雑誌アーカイブにその足跡が記録される代表的な大企業の場合だけであろう。[6]

　理論事例研究は，データ利用が容易な複数事例の比較分析による場合がはるかに多い。企業や他の事業体の事例データ源はビジネス書，新聞・雑誌ア

---

[6] この種のデータを利用した過程追跡による単独事例分析としては，田村正紀『セブン-イレブンの足跡──持続成長メカニズムを探る』千倉書房，2014年を参照。

ーカイブ，インターネット調査といった公表データ，現場観察，取引先・関係者からの聞き取りなどである。消費者事例の場合には，サーベイ，グループ・インタビュー，インターネット調査，種々な統計資料などが利用できる。比較事例分析は少数の事例から有用な情報を引き出す方法として社会科学の各分野で長い間利用されてきた。

▶ QCAの登場

◆ QCAの普及

この比較事例分析の領域で，その方法論のイノベーションが近年生じた。QCA（Qualitative Comparative Analysis, 質的比較分析）の登場である。QCAは，事例比較の革新的手法として1980年代に誕生した。[7] QCAの革新性は，集合論やブール代数によって，事例比較から因果関係を推論する形式的手順を体系化した点にある。その発展を主導したのは，政治学と社会学で活躍するレィギン（Charles C. Ragin）とその協同者達である。

集合論とブール代数

集合とはモノの集まりのことである。集合論は集合間の関係を取り扱う数学であり，現代数学の基礎になっている。集合論の初歩は高校で習う数学でもその重要な一分野として登場している。ブール代数は0と1の二値しか取らない変数を使う論理数学である。19世紀の中頃に，イギリスの数学者ブールによって創始された。ブール代数は今日，コンピュータの論理回路の設計などに使われている。この数学は集合の代数学でもある。QCAはこれらの基礎概念や初等理論を利用している。

その後に，あいまいな概念をとりあつかえるファジー理論の導入やその分析作業効率を飛躍的に高めるパソコン・ソフト開発も相まって，QCAの利

---

[7] Ragin, C.C., *The Comparative Method: Moving beyond Qualitative and Quantitative Strategies*, University of California Press, 1987.（鹿又伸夫訳，「社会科学における比較研究―質的分析と計量的分析の統合にむけて」，ミネルヴァ書房，1993）。
[8] Vaisey, S., QCA3.0: "The Ragin Revolution Continues", *Contemporary Sociology: A Journal of Reviews*, Vol.38, No.4, 2009.

用は急速に社会科学の各分野に拡がった。それはレイギン革命[8]とまで呼ばれるようになっている。

　2011年までに，QCA利用の雑誌論文数は235に達した。分野別％を見ると，政治学（31），社会学（24），産業・経済学（12），保健衛生・教育（11），経営学（9），法律・犯罪学（4），その他（10）と多方面に拡がる[9]。わが国にもホームページ「質的比較分析（QCA）」（park18.wakwak.com/~mdai/qca/）がある。このホームページから世界中のQCA研究拠点へのリンクが張られている。そこから誰でも容易に無料で，QCAの技術情報を入手できるようになった。

QCAのパソコン・ソフト

　QCAのための主要ソフトには，fsQCAとTosmanaがある。前者は0と1との二値変数を扱うクレスプQCAと，0と1だけでなく，それらの間のファジイな成員スコアを扱うファジイQCAを含む。後者のTosmanaは5～6個程度までの多値変数を扱うQCAである。ソフト利用から見ると，fsQCAの利用が圧倒的に高い。QCAは国際的に急速に普及しつつある無料統計ソフトRにもパッケージQCAとして組み込まれている。便利な機能を持つが，Rを前提にしているので，その利用はまだ限られている。

　本書ではfsQCAを念頭にQCA手法を概説している。fsQCAはホームページ（park18.wakwak.com/~mdai/qca/）から無料でダウンロードできる。fsQCAの操作は比較的簡単である。さらにそのマニュアルの和訳「マニュアル日本語版」（森　大輔訳）も入手できる。これらを利用すれば，QCAの繁雑な作業の大部分は容易に遂行できる。本書の理解を深めるためにソフトとマニュアルのダウンロードを勧める。

---

9) Thiem, A. and A. Duşa, *Qualitative Comparative Analysis with R*, Springer, 2013.

◆ビッグデータとスモールデータ

　経営世界ではビッグデータの大波が押し寄せている。多様で実時間の大量データが利用できるようになったからである。POS，インターネット経由の電子取引，種々な決済カードが生み出す数値データに加えて，マスコミ情報やソーシャルメディアでの会話・つぶやきのテキスト文書，GPSによる空間移動の把握，種々なセンサーによる映像などでデータが多様化した。これらは電子処理されて高速の実時間情報を生み出した。日進月歩の進歩をとげてきた記憶媒体，コンピュータも押し寄せる情報量の脅威にさらされている。

　ビッグデータは経営日常業務の遂行を円滑化した。それに加えて，それから将来経営に関する有用な知見を引き出そうとする試みも盛んである。その主要技術は統計学である。さらに近年ではより高度化した多変量解析や，推測統計学と異なる発想に立つデータマイニング，さらには文書など非定型情報を扱うテキストマイニングが注目を集めている。これらの新技術は，未だ計量研究での主流技術として統計学の地位を脅かすにいたっていない。

　ビッグデータへの注目の一方で，経営世界ではスモールデータへの関心も急速に高まっている。数多くのイノベーションが発生し，消費者行動や競争環境が急速に変化しているからである。これらは経営世界の明日を予兆するいくつかの先端事例からなる。その本来的性格から事例数は少なく，統計分析のほとんどのツールは使えない。その意味ではスモールデータである。ビッグデータの大海ではその姿は見えない。優れた事例研究はこの種のスモールデータへの挑戦である。少数事例の深く掘り下げた研究により，重要な知見を引き出そうとしている。

　ビッグデータとスモールデータのいずれが将来についての重要な知見を引き出すことができるだろうか。これは多様な書物の乱読と少数の良書の精読のいずれが知見を引き出せるかに似ている。乱読の場合には情報の整理が必要であり，精読の場合にはそれに伴う思索が必要である。ビッグデータで統

計学は情報の整理に大いに貢献した。一方，スモールデータの事例研究では精読に該当する分析技術は近年までなかった。技術の代わりに，事例資料を読み解く個人能力だけが頼りであった。QCAはその手法上の特性から，まさにスモールデータで，良書精読における思索に該当する技術を提供しようとしている。

　経営学でQCA利用はまだ始まったばかりである。しかし近い将来にその事例分析の基本手法のひとつになる可能性がある。QCAの分析枠組みが経営学での研究状況に極めて適合しているからだけではない。QCAは経営での事例分析の仕方を革命的に変える可能性を秘めている。QCAは事例研究のナビゲータとして，事例研究を進める基本的な道筋を指図してくれる。QCAを知らずに事例分析を行うことは，統計学の知識なしに大量のデータに立ち向かうのと同類になろうとしている。このように予見する理由は，QCAの手法特性にある。

▶QCAの手法特性

　QCAは，ある結果がどのような原因条件によって生じているかを分析する手法である。この点で目的・手段知識を求める経営世界での情報ニーズに適合している。形式的には，それは従属変数（結果）と独立変数（原因）の統計的関連を分析する回帰分析に似ている。しかし，QCAの手法特性はまったく異なるものである。QCAは次のような特性からなる。

QCAの手法特性　　　　　　　　　　　　　　　　　　　ポイント1.3

➢統計分析には不十分な数のスモールデータでも分析できる。
➢二値変数の分析が得意である。
➢コンセプトがファジイでも分析できる。
➢事例との統合分析が容易である。

> 因果複雑性を明らかにする。
> 事例から因果パターンを抽出できる。

◆スモールデータの処理

　経営の事例研究では，イノベーションや消費者の新傾向など，新しく出現した創発事象を対象にすることが多い。そこでは，統計資料や既存文献などもほとんどない。取りあえず事例研究しか取りかかりの方法がない。そのさい，ヒアリングやフィールドワークでデータ収集を試みても，定性データしかえられない場合が多い。その特性にかかわるコンセプトの多くはまだ流動的でファジイである。しかも結果を生み出す要因が錯綜している。このような領域では，統計分析などはまったくお手上げである。それは陸に上がったカッパに等しい。

　イノベーションなど創発事象では事例となる企業数は少数である。消費者の先端傾向についても，その消費者サンプルを統計分析に必要なほど収集することは難しい。大規模サーベイを実施しても，お目当ての標本が含まれる割合は少ない。[10] QCAは大量データ分析も可能であるが，スモールデータの分析が得意である。集合論とブール代数を基礎として，データ数が15未満の少数事例や，15から50ぐらいまでの中規模データでも，因果推論が可能である。

◆二値変数

　QCAは二値変数の扱いが得意である。経営世界の多くは二値の情報で動いていることが多い。融資してもよいかどうか，有能社員かどうか，優良顧客かどうか，取引してもよいかどうか，ブランドであるかどうか，好立地かどうかなど，経営世界を支配する二値情報の例は数限りなくある。このさい，QCAは特定事例が優良融資先，有能社員，優良顧客の事例に該当するかどうか，

---

10) たとえば，小川進『ユーザーイノベーション：消費者から始まるものづくりの未来』東洋経済新報社，2013年。

つまりこの概念の成員（例）であるかどうかだけを判断している。経営判断でもっとも重要なことは方向判断を見失わないことである。二値情報は方向を示してくれる。

　二値変数だけでも詳細な分析ができるとなれば，データ収集も容易になる。企業内部情報は機密保持のため外部に出ない。とくに革新企業の場合はそうである。その取引先からの情報や，流通・サービス業の場合には店舗などの外部観察以外に，経営成果を生み出す条件の情報は収集しようがない。しかし，二値情報であればこのような情報源からも比較的容易に情報が得られる。

　具体例を挙げよう。人気観光都市では夜のグルメが観光客吸引のアメニティのひとつである。たとえば札幌には客であふれる居酒屋がかなりある。この種の居酒屋を店舗開発するには何が決め手であるのか。QCA利用を念頭に必要な情報を集めるのは容易である。居酒屋の繁盛ぶりは当日の午後でも予約が取れるかどうかで判断できる。数人のウォッチング・グループで居酒屋に行き，その特質をチェックする。その店しかない一品メニューがあるかどうか，他では飲めない地酒があるか，地元客と観光客のどちらが多いか，会計は5000円未満かどうか，雰囲気はよいかどうかなどである。この種の二値データが繁盛してない店も含めて10～15事例あれば，QCAは利用できる。

　一方，二値データの収集のために詳細な事例内分析をしなければならない場合もある。たとえば，情報武装の先進性があるかどうかなど，複雑な原因条件の存在を確認しなければならない場合である。事例資料をかなり読み込み，事例間比較をした上でなければ情報先進性が存在するかどうかを判断できない。QCAによる理論事例分析では，この種の質的差異の検討作業が多くを占めるだろう。

◆ファジイ・コンセプトの分析

　コンピュータの発達により，QCAで大量のデータも分析できる。そのさい，因果関係の込み入った分析を行い統計分析を補完する。しかし，それだけで

はない。QCAはその独自の分析視点によって，創発事象の分析では，統計分析に代替する手法でもある。創発事象は生成過程にあるから，変動が激しい。そこでは，関心ある「結果」やその原因条件にかかわるコンセプトも明確でないことが多い。

たとえば消費者にプチ贅沢などといった新しいラグジュアリー指向が出てきたが，何が贅沢であるのかその境界は曖昧である。またマーケティング研究者はブランドのコモディティ化を好んで取り上げている。新しいブランドの台頭や既存ブランドの衰退などがその背景にある。そこではブランドであるかどうかの境界は曖昧である。またコンビニが新業態として登場した当初では，どのような店舗フォーマットがコンビニであるのか，極めて多様であった。

このような創発事象では，特定事例がその概念に帰属するかどうか，この判断が難しい中間領域が現れる。贅沢品であるのかそうでないのか，ブランドであるのかそうでないのか，コンビニといえるのかいえないのか，判断に苦しむ事例が存在する領域である。しかしこの中間領域にいくつかの事例があるということ，これはその事象がまさしく変動過程にあることの象徴である。QCAはこのような曖昧なコンセプトをファジイ集合として捉え分析する。ファジイ集合としての概念では，特定事例が概念の部分的な例である場合も認めている。

ファジイ集合の概念を利用して，QCAはその対象がコンセプトに含まれるかどうかの質的差異だけでなく，その区切り点の両側における量的差異も同時に分析する。経営でもとくに流通やマーケティングといった領域は，創発事象が絶えず登場し変化が激しいので，曖昧なコンセプトで満ちあふれている。しかし従来のリサーチでは，それを正面に据えて分析することはほとんどなかった。

図1.2 統計分析とQCAの視点

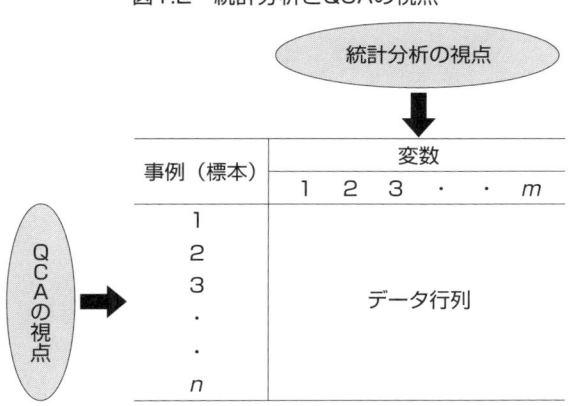

◆事例分析との統合

　統計分析とは異なり，QCAではそれによる形式分析と事例研究との統合が容易である。回帰分析などの統計分析では事例は質点にすぎない標本として取り扱われる。質点とは，内実を捨象して得られる，事例の固有の量である。統計分析における変数がこれに当たる。統計分析で事例はたんに一組の変数からなるベクトルにすぎない。これに対して，QCAでは各事例の内実情報は分析において不可分である。QCAには真理表分析など形式化した分析手順がある。しかしこの形式的分析は事例分析と表裏の関係にある。

　統計分析とは異なり，なぜQCAでは事例との統合分析が容易なのだろうか。この相違は，データ行列を見る視点が両者で異なることから生じている。データ行列とは，エクセルのスプレッドのような形式で記録されたデータである。図1.2に示すように，各行（レコード）は事例（標本）を示し，各列（フィールド）は結果やその原因を示す変数である。これらが交錯するマス目にデータが記録される。

　統計分析はこのデータ行列を列（変数）の方向から眺めている。その視点

は各変数の値が事例（標本）間でどのように分布しているかであり，全事例（標本）にわたる変数間の統計的関連に注がれている。このような視点からは，各事例の内実は欠落してしまう。これに対して，事例分析法としてのQCAは，行（事例）の方向からデータ行列を見ている。その視点は，各変数の値がそれぞれの事例においてどのような形を取って組み合わされ存在しているのか，つまり事例の全体像に目が注がれている。QCAでその形式分析と事例分析が容易に統合できるのはこの視点によるものである。

◆因果複雑性と因果パターンの推論

　QCAはまたこの特異な視点によって，統計分析が不得意とする因果複雑性の世界を明らかにする。それは特定の「結果」を生み出す因果経路が同時に複数存在し，しかも各経路は複数原因の結合から成り立っている多元結合因果の世界である。

　回帰分析に代表される統計分析では，その因果世界は以下のような線形加法モデルによって推測される。その関心は各独立変数 X_i（原因）が従属変数 Y（結果）に与える効果であり，それを表す回帰係数としてパラメータ b_i を推定することに向けられている。

$$Y = a + b_1X_1 + b_2X_2 + \cdots + b_mX_m$$

$a, b_i (i=1, 2, \cdots m)$ はデータから推定されるパラメータ

　この加法モデルでは，原因を表す独立変数Xはまさにその名のごとくそれぞれ独立した影響効果を従属変数Yに与えている。従属変数Yのある値（結果）を生み出す因果経路は，独立変数値の無限の組み合わせの中に埋没している。

　これにたいして，QCAでは因果関係は論理式によってたとえば次のようなかたちで表される。この論理式では，＋記号は「あるいは（OR）」を，＊記号は「かつ（AND）」を表している点に注意しよう。→はその左の条件が存在すれば，その右方の結果Yがかならず存在することを意味している。

$$X_1 * X_2 + X_3 * X_4 \rightarrow Y$$

　この論理式によれば，Yの原因として2種の代替経路があり，各経路は複数原因の結合からなる。この結合によって，たとえばX_1の影響はX_2の値にも依存することになる。統計分析はこの因果複雑性の世界を取り扱うのが不得手であり，また対数線型モデル（多重クロス表などを統計的に分析する手法）などによって変数間の相互作用を分析しようとすれば，変数の数が少数でも大量データを必要とする。

　経営世界では因果複雑性がいたるところにある。たとえば，ある水準の顧客満足を達成する小売業態を見れば，百貨店，スーパー，専門店，コンビニ，ネット通販などが，異なるサービス（原因）の組み合わせによって顧客満足を達成している。成功にいたる経路が複数存在するのは経営世界の常態である。また，ある成功を達成するために，ただひとつの原因が働いていることもまれである。経営は総合力ともいわれるように，複数の要因の相互作用によって結果が生み出される場合が多い。

　QCAはスモールデータでも「結果」への複雑な因果経路を推論することができる。これによって，QCAは事例からその状況特異性を超えた因果パターンを推論し，識別することができる。多くの実例事例研究では，そこで観察された因果パターンはその事例の状況特異性の世界に埋没している。その発見物を他に適用する途は開かれていない。QCAはこの因果パターンを明確に定式化することによって，この道を切り開き，事例研究を累積的なものに発展させ，知識の蓄積を可能にする。

　QCAは以上の手法特性によって，理論事例研究のナビゲータになる。とくに重要なのは，QCA利用を念頭に置くことによって，理論事例分析の焦点が定まることである。QCAは，説明すべき特定結果とその原因条件に焦点を合わせている。事例を原因条件の構成（組み合わせ）と「結果」という

視点から捉えることを求めている。事例間の相違は，原因条件の構成パターンと結果が出たか出ないかに表れることになる。QCAを念頭に置いて事例を見れば，事例分析者の目線は常に「結果」やその原因条件になりそうな要因にかかわる特定側面に向かうだろう。こうして複数事例を眺める標準的で体系的な焦点が確保されることになる。

▶本書の以下の構成

本書はQCAを事例研究のナビゲータとして使うことを提案する。そのため，QCAの基本概念やその手法の概説が多くの部分を占める。これらの理解は，基本ソフトfsQCAのマニュアルを理解して操作し，またその分析結果を読

図1.3 本書の以下の構成とQCAの基本概念

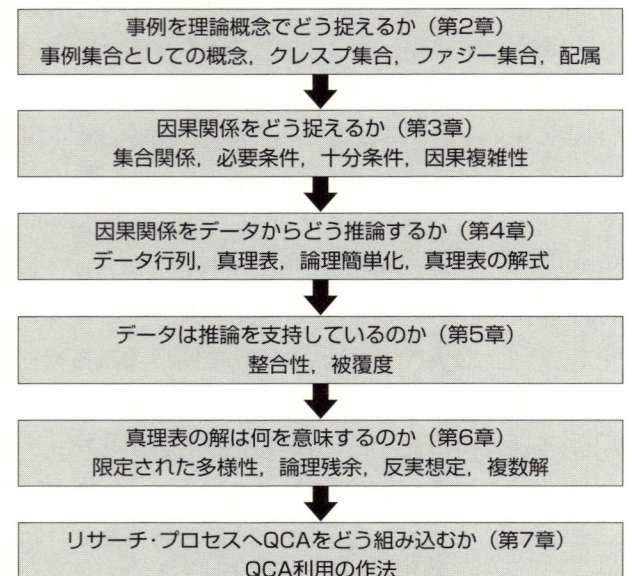

```
事例を理論概念でどう捉えるか（第2章）
事例集合としての概念，クレスプ集合，ファジー集合，配属
            ↓
因果関係をどう捉えるか（第3章）
集合関係，必要条件，十分条件，因果複雑性
            ↓
因果関係をデータからどう推論するか（第4章）
データ行列，真理表，論理簡単化，真理表の解式
            ↓
データは推論を支持しているのか（第5章）
整合性，被覆度
            ↓
真理表の解は何を意味するのか（第6章）
限定された多様性，論理残余，反実想定，複数解
            ↓
リサーチ・プロセスへQCAをどう組み込むか（第7章）
QCA利用の作法
```

3. 理論事例研究ナビゲータとしてのQCA　27

み取るという技術理解だけでなく，事例研究のナビゲータとしてQCAを利用するさいの不可欠の知識である。図1.3に示す本書の以下の流れはQCAによる分析の流れに沿っている。図では各章で取り上げる問題と，それを解決するためのQCAの基本概念と手法が示されている。

　QCAのような新しい分析手法を調査研究に使うにさいしては，ふたつのことが必要になる。ひとつは，その手法の基本原理や分析手順を理解することである。他のひとつは，その手法をリサーチ・プロセスにどのように組み込んでいくのかということである。前者は分析技術としての理解であり，後者は事例研究へのアプローチとしてのQCAの理解である。

　情報化の進展によって，種々な新手法のソフト開発が進み，複雑な計算を要する手法も簡単に利用できるようになった。とくにユーザー・インターフェースの改善や易しいマニュアルの登場によって，高度で複雑な統計分析でもその手法を十分に理解しなくても，一応の分析結果は出せるようになった。しかし，手法を使いこなすには，その基本的な考え方や分析手順を最低限理解しておかなければならない。その知識がないと，手法を誤用したり，また分析結果の解釈ができなかったり，あるいは分析結果が好ましくない場合の再分析の方向を見つけることができなかったりするからである。QCAの場合も同じである。

　第2章から第6章までは，QCAの基本原理と分析手順を概説する。その中でも，第2-4章はQCAの基本原理を取り扱い，第5-6章は現実の事例データをQCAで分析しようとするさいに発生する問題とその処理を論じている。これらの議論では，経営学の学徒になじみやすいように，経営学領域の具体例を題材にして進めている。

　最後の第7章では，QCA利用のもうひとつの要件を取り上げている。それはQCAをリサーチ・プロセスにどのように組み入れていくかという問題である。本書ではQCAが事例研究のナビゲータとしての役割を果たすこと

を強調している。事例研究のリサーチ・プロセス全体を通して，QCAはその方向指針となるものである。リサーチ・プロセスで事例研究とQCAは相互にどのように関係してくるのだろうか。リサーチ・プロセスをベースにして，6章までに概説したQCAの原理とデータ処理手順の要点を振り返り，QCAによる事例研究の作法を明らかにしよう。作法とはQCA利用にさいしての考慮事項である。

第**2**章

事例を理論概念でどう捉えるか

QCAでは，「結果」やその原因条件にかかわる理論概念を，その中に事例を入れる容器だと捉える。この考え方に従うと，それぞれの概念は実例としての事例の集合（集まり）を含んでいる。各概念がどの事例を実例として含むかを確かめ，それぞれに事例を帰属させることはQCAの出発点である。事例の観点からいえば，この作業はそれぞれの事例について原因条件や「結果」が存在するかどうかを確認する作業である。この観点から，本章での学習目標は次の点を理解することにある。

- 事例の容器としての概念，つまり事例の集合としての概念の考え方。
- 集合としての概念は2種ある。その成員資格が完全で明確な概念（クレスプ集合）と，成員資格が部分的で不明確な概念（ファジイ集合）である。これらはどう異なるのか。
- 事例を各概念にどのように配属するのか。
- 集合としての理論概念から，それらの関係にもとづき新しい集合を作るために集合演算をどうするか。

1. 事例容器としての概念

▶概念と事例の対応

◆概念の内包と外延

社会科学は経験科学である。理論が現実（経験的事実）にてらして妥当であるかどうか。つまり理論の実証が求められる。社会科学の理論はいくつかの概念（コンセプト）とそれらの関連から成り立っている。たとえば，流通論には，流通革新者は廉売者として登場するという理論命題があり，組織論では組織構造は戦略に従うという理論命題がある。これらの理論で，流通革新者，廉売者，組織構造，戦略などが概念である。QCAでは「結果」とそ

れを生み出した原因条件に関する概念を扱い，それらの関連を事例という現実に照らして検証するのが課題である。

　概念とはどのようなものであるのか。まずその一般的な特質を押さえておこう。

　概念とは，事物の本質を捉える思考の形式である。事物の本質的な諸特徴とそれらの連関が概念の内容を作っている。たとえば，贅沢品ブランドについていえば，高価格，卓越品質，審美性，希少性，シンボル（社会的地位，富，個性などの外的表示物）性といった特徴を持っている。この種の本質的特徴は概念の内包と呼ばれる。このような本質的特質を共有する事物としてどのようなものがあるだろうか。事物への概念の適用範囲，つまり概念の具体例がその概念の外延である。贅沢品ブランドの外延としてはシャネル，エルメス，グッチなど有名ブランドが含まれるだろう。

　概念には内包と外延のふたつの側面がある。外延はこの概念が当てはまる事物の範囲，つまり経験世界における具体例である。もうひとつの内包は，

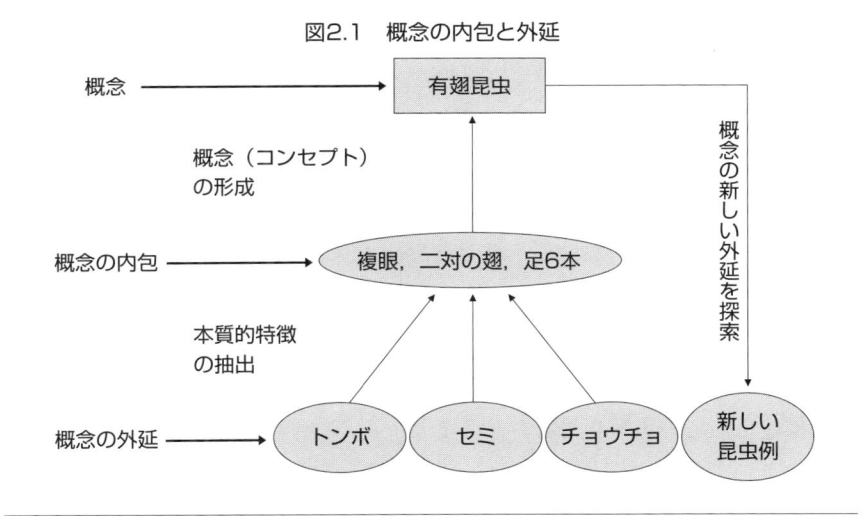

図2.1　概念の内包と外延

これらの具体例に共通する特徴である。図2.1の有翅昆虫の概念が例示するように，内包と外延は，現実への概念対応におけるふたつの側面であり，相互に依存し合っている。内包が外延を決め，逆に外延が内包を規定するという関係にある。

◆計量研究での尺度

　経営学のような多くの社会科学では，その理論概念を現実に対応させねばならない。そうしなければ，実証科学にならないからである。他の社会科学と同じように，経営学でも実証科学を目指して2種のアプローチが並存している。計量研究は統計学を手法として使う。定性研究は事例研究を手法として使う。QCAは定性研究の手法のひとつである。理論概念を現実に対応させるやり方は，計量研究と定性研究では共通面と相違点がある。

　理論概念の内包をなす本質的特徴は，その概念で捉えようとする事物（事例，標本）間で異なっている。計量研究と定性研究のいずれでも，理論概念は事物間でその内包状態を変える変数である。例としてブランド忠誠を取り上げてみよう。ブランド忠誠はマーケティングにおける主要な理論概念である。スニーカーを買うなら，アディダスに決めているといったように，ブランド忠誠は製品の購買にさいして消費者が特定品目にむけるこだわりである。ブランド忠誠は製品間あるいは消費者間で異なる変数である。

　ブランド忠誠は製品間でなぜ異なるのか。そこでブランド忠誠を生み出している要因は何か。これらの問題の実証の出発点は，まず実証対象として選択した事例（標本）におけるブランド忠誠の状態の確認である。つまり変数としてのブランド忠誠を各事例について測定できなければならない。このためにその状態をデータから確認できる何らかの指標を作る。たとえば，その品目の再購買意向比率はブランド忠誠の指標であろう。測定とは変数の状態に指標値としての実数を対応させることである。

　そのさいの数値の性格によって，計量研究では名義尺度（分類のみ），序

数尺度（分類と順序付け），距離尺度（分類，順序付け，事例間の距離），比例尺度（分類，順序付け，事例間の距離，原点）といった，測定水準の異なる尺度と作りそれで測定する。[1] 定性研究のQCAでは後述するように独特の尺度を作り，それによって理論概念に事例を配属する。計量研究でも定性研究でも，その理論概念を実証するには，いずれかの尺度を用意しなければならない。この点でふたつのアプローチは共通している。その尺度の相違は，観察値をどう扱うかで生じる。

◆計量研究と定性研究の尺度の相違

　計量研究では指標値だけを取り扱う。その関心は，事例（標本）間での指標値の変動とその順序付けに向けられている。その順序付けは実証のために選択した事例間での変数値の分布，すなわち標本分布にもとづくものである。標本間での変動や順序付けをより正確に行うために，計量研究は距離尺度や比例尺度といった，より高い測定水準で変数を測定しようとしている。この指標値によって変数間の統計的関連を分析するのが計量研究の課題である。事例をいくつかのカテゴリーに分類するさいにも，標本平均値よりも高いか低いかなどの基準を使う。しかし，この種の平均値は使用される標本が変われば，その位置が変わることになる。

　計量研究は測定により標本分布内における事例（標本）間の相対位置を捉えようとしている。これに対して，定性研究での関心はこの種のたんなる測定ではない。理論変数の内包の指標値を設定するにしても，個々の事例の指標値水準が理論変数の内包に対応しているのかに関心がある。ブランド忠誠の指標値として再購買意向率を考えるさい，たとえば70％の消費者が特定品目の再購買意向を示した場合，この70％という水準自体を，理論でいうブランド忠誠の状態と見なしてよいかどうかを考えるのである。

　このため，QCAなど定性研究での尺度は，計量研究での尺度とは性格が異なる。それはたんに事例（標本）の相対的位置を示すだけではない。定性

---

[1] 測定のより詳しい議論は，田村正紀『リサーチ・デザイン』白桃書房，2006年を参照。

研究の尺度の特徴は、理論変数の状態の質的差異を判断するための区切り点目盛がついている点にある。たとえば温度計はこの種の基準点目盛り付き尺度の例であろう。暑いか寒いかの温度の相対位置を示すだけではない。摂氏0度で水は氷になり、摂氏100度で蒸発する。これらの区切り点を境にして、温度と水量の関連は変化する。温度測定値の位置に対応した水の容積状態を位相と呼ぶとすれば、0や100度の区切り点を境にして水の位相が変化する。

　定性研究での尺度の関心はこの種の位相変化が生じる区切り点にある。再購買意向率をブランド忠誠の指標と考えるにしても、何％を境にしてブランド忠誠といえる状態が実現するのかに関心がある。この種の閾値は標本での測定値の集まりからは出てこない。それはブランド忠誠とは一体何なのかについての概念的検討にもとづく再購買意向率（指標値）の解釈によって与えられる外的基準である。

　QCAは、成員スコアのような、事例の質的差異を示す区切り点目盛りがある尺度を使う。たとえば再購買意向率70％が銘柄忠誠かどうかを判断する閾値だとしよう。これを超える製品があれば、銘柄忠誠という理論概念の成員（外延）事例と見なして成員スコアを1とし、この基準点に達しない製品は銘柄忠誠という理論概念の成員ではないとして成員スコアを0にする。成員スコア1は集合としての理論概念の成員資格である。それによって事例が理論概念の外延であるかどうかを判断する。こうして、定性研究では、理論概念はその内包を示す事例を入れる容器として使われている。実証では理論概念は事例の集まりを示す集合概念である。

　理論概念を事例に対応させるさい区切り点目盛りのある尺度を使うので、QCAでは測定という用語に代えてキャリブレーション（calibration）という用語を使う。キャリブレーションは尺度上の質的変化区切り点の目盛りを参照しながら事例の基準照合を行い、理論概念の成員と非成員をふるい分けて配属する作業である。以下ではキャリブレーションに配属という訳語を当

てて言及することにしよう。

▶2種の容器　クレスプ集合とファジイ集合

◆2種の集合の相違

QCAでは理論概念は事例を入れる容器であり，事例の集合から構成されている。QCAを事例分析に適用していくには，まず選択した事例が各理論概念の成員であるかどうかを判断して配属していかなければならない。QCAは図2.2に示すように，2種の容器を用意している。クレスプ集合とファジイ集合である。これらは事例集合としての理論概念をどのようにと捉えるかの2種の見方である。どちらの容器を使うかによって，配属の仕方は異なっている。

クリスプ集合では，集合に入る成員資格は完全か不完全かのいずれかである。つまりその集合に「完全に入る」か「完全に入らない」のいずれかである。法的にいえば，日本人であるかどうかは国籍を持っているかどうかで判断される。この場合，日本人の集合はクリスプ集合である。クリスプ集合は集合の境界が明確に固定されている集合であるから，有界集合である。したがって，その成員スコアは1（成員）か0（非成員）である。

これに対して，ファジイ集合ではクリスプ集合におけるように，完全な成

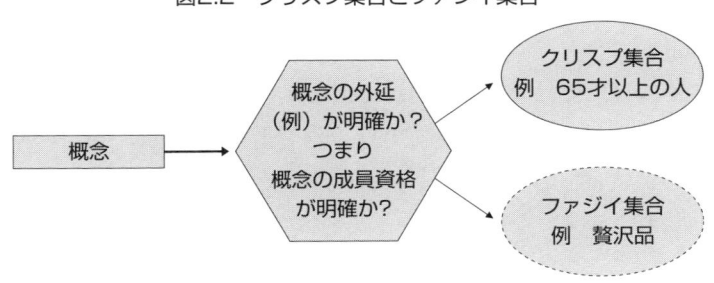

図2.2　クリスプ集合とファジイ集合

員資格や不完全な成員資格だけでなく，部分的な成員資格も許容する。たとえば，リュック製品の贅沢品の集合はファジイ集合の例である。種々なリュック商品を贅沢品かどうかに分ける場合を考えてみよう。誰でも，シャネル，グッチ，ヴィトンなどの高価なリュックを贅沢品と見なすし，スポーツ量販店で売られている数千円のリュックを贅沢品とは見なさない。

　しかし，数万円はするグレゴリーのリュックはどうだろうか。人によって，贅沢品かどうかの意見が分かれるだろう。グレゴリーはリュック贅沢品の集合に入るかもしれない部分的成員資格の例である。この部分的資格は，「たいてい入る」，「どちらともいえない」，「たいてい入らない」といった程度で表現される。これに対応して，ファジイ集合の成員スコアでは後述するように1と0だけでなく，0.7，0.5，0.3のような1と0の間の数値も使う。ファジイ集合は部分的資格だけでなく，不完全資格と完全資格の場合も含むので，クリスプ集合をその一部として含んでいる。クリスプ集合はファジイ集合の特殊な場合である。

◆**ファジイ集合をクレスプ集合に変える**

　本来的にはファジイ集合であっても，社会科学の概念ではクリスプ集合として取り扱う場合が数多くある。たとえば，マーケティング論の重要概念であるブランドはその例である。マーケティング論の主要部分は，その製品がブランドであるかどうかによって，戦略や流通様式がどう異なるかの考察にあてられている。

　ある商品がブランドであるかどうか。これは売り手が商標などによってブランド名をつけただけで決まるわけではない。ある製品が市場でブランドとして機能しているかどうかは，売り手と消費者の関係性にもとづいている。その製品の消費者行動で常用率，愛着度，推奨意向，価格プレミアムの許容度など，これらが高くなければマーケティング論的にいえばその商品はブランドではない。[2]

---

2) 田村正紀『ブランドの誕生』千倉書房，2011年。

これらのブランド指標は本来的に連続的であり，各製品はこれらの連続体上に多様に分布している。製品によってはブランドであるかどうかの判断に迷う事例が多々ある。しかし，マーケティング論の理論的考察ではブランドをクリスプ集合として，つまりブランドであるかどうかで概念構成して議論を展開することが多い。

消費者行動論でも，本来的にはファジイ集合である事柄を，クリスプ集合として概念形成している。たとえば，市場を細分化するさいによく使われる高齢層，若年層，高所得層，低所得層などはその例である。何歳以上であれば高齢者であり，何歳以下であれば若年層か。どのくらい所得があれば高所得層であり，どのくらいの所得しかなければ低所得層なのか。根底にある年齢や所得は連続的に変わるので，これらの区分は絶えず議論の対象になる。区分に使う年齢や所得の閾値の周辺では，常に部分的成員資格の事例が多く発生する。

本来的にはファジイ集合であるのに，なぜクリスプ集合として概念化するのだろうか。その最大の理由は連続体でも量の変化のある段階で事例に質的な差異を生み出す場合があるからである。たとえば，低所得層では贅沢品消費はほとんど行われないが，所得水準がある閾値を超えると急に増え始める。マイカーの運転率は，年齢が70才を超えると急に低下する。英語の読解力は語彙力が7000語を超えると，急に辞書なしで読める水準に達する。水は100度を超えると水蒸気になり，0度を下回ると氷になる。

このように，連続体によって表される概念の数量変化は，ある閾値を超えると，概念の内包状態を質的に変える場合がある。このさい，閾値によって概念を2分してクリスプ集合として扱った方が分析をより明確にすることができる。本来的にファジイ集合である概念を，クリスプ集合の概念として理論化するのはこのためである。クリスプ集合による概念は，定性研究だけでなく，統計的な計量研究でも使われる。たとえば，分散分析における差異検

定，回帰分析における0か1かのダミー変数の利用，ロジスティック回帰（従属変数が1か0かの2値になる場合の回帰分析手法）などはその例である。

しかしながら，QCAでクリスプ集合型の概念だけしか使えないとすれば，いくつかの不都合が生じる。本来的に連続体である事柄を常にクリスプ集合によって捉えると，分析にさいして問題が生じるからである。そのひとつは，連続的な事柄を2分すれば情報が失われるのではないかという危惧であり，他のひとつは2分するための閾値をどう設定するかによって分析結果が影響されるという危惧である。

前者の危惧に関しては，かならずしもそうといえない場合がある。とくに量的変化がある水準に達してその事柄に質的変化が生じる場合には，2値化の方が情報をより的確に捉える場合がある。所得や年齢はその例である。後者の危惧については，2値化のための閾値が恣意的に設定され，またそのことが分析結果に影響する場合がある。とくにデータの平均値や中位数などによる機械的な2分は，その位置が標本分布に依存するため，質的差異に対応している保証はまったくない。

原データが連続体であっても質的差異が明確である場合や，またその質的差異の閾値を標準的手法（本章の補論を参照）によって設定する場合には，分析結果にそれほど大きい影響を与えない。しかし，このような場合でも個々の事例をどちらに配属すべきかに迷う場合も少なくない。QCAのファジイ集合概念はこのような事態に対応することをねらっている。この概念によって，まず区切り点による質的な差異だけでなく，それぞれの質（位相）内部での程度の差も同時に捉えることができるからである。

▶ファジイ集合の特質

◆ファジイ集合の曖昧性の意味

ファジイ集合は，1965年にザデー（L.A. Zadeh）によって提唱された。

その後，数学，工学，哲学などでも利用されるようになった分析用具である。1980年代には，社会科学への導入も提唱されたが，その利用はまだ少ない。しかし，比較事例分析ではレイギンによる導入[3]以来，その利用が急速に広まっている。

　日常語では，ファジイという言葉には「曖昧な」，「不明確な」，「いい加減な」といった意味がある。しかし，ファジイ集合でのファジイはこのような意味ではない。そこでの意味は，事例を例として含めてよいかを判断する概念の外延境界が不明確であるということである。言い換えれば，その外延境界が絶えず揺れ動く柔軟な概念（集合）という意味である。その概念（集合）がファジイであるのは，その概念の経験的測定が不正確であるからではなく，概念の外延境界の本来的な柔軟性にもとづいている。ファジイ集合はその集合成員が流動的であるという意味で流界集合である。

　社会科学で使われる概念の多くは，本来的にファジイ集合の性質を持つ事柄が多い。マーケティング論での贅沢品，廉売店，ブランド忠誠，組織論での集権型組織や分権型組織，戦略論での差別化，会計学における利益など，例はいくつでもある。特定事例をこれらの概念に配属しようとする場合，入れるべきかどうかに迷う事例が多いだろう。つまり部分的成員資格を持つ事例が多いのである。

　現実世界での変化が激しい領域での事柄を概念的に捉えようとする場合，それは多かれ少なかれファジイ集合の性質を持たざるをえない。たとえば，ブランドの世界はその典型だろう。再購買率，愛顧率，推奨率，価格プレミアム許容度のいずれも高い製品は明らかにブランドである。またこれらすべてに関して低ければブランドではなく，ただの製品，つまりコモディティである。しかし，再購買率や愛顧率は高いが，推奨率と価格プレミアム許容度が低い製品は，ブランドといえるだろうか，その判断に迷う。ブランドの要件を部分的にしか満たしていないからである。

---

3) Ragin, C.C., *Fuzzy-Set Social Science*, The University of Chicago Press, 2000.

このようなことが生じるのは，ブランドの世界が絶えず揺れ動いているからである。新製品として発売された当初はブランドとして認められていた製品でも，競争過程でその差別性を失っていけば，何の際だった特徴もない通常製品としてのコモディティに転落する。逆にコモディティとして分類される製品カテゴリーの中から，彗星のごとくブランドが登場する。このような世界では，ブランドとコモディティの中間領域があり，そのどちらか判断に苦しむ事例が登場する。中間領域は生成・死滅のもっとも動態的な領域でもあるのだ。ファジイ集合はこのような領域でも概念的に捉えることができる。

◆**ファジイ集合での成員スコア**

ファジイ集合における，成員かどうかの判断問題の解決は，表2.1に示すように，成員資格の程度に応じて0と1の間の成員スコアを与えることによって行われる。ここでの成員スコアとは，成員資格の程度を表す評点である。

表2.1　ファジイ集合での成員スコアの例

成員スコア	その製品がブランドである程度は
1	完全にブランドだ
0.8	たいていブランドだ
0.5	どちらともいえない
0.2	たいていブランドではない
0	まったくブランドではない

まず，完全にブランドである場合には1，完全にブランドでなければ0の成員スコアを与える。クレスプ集合での成員スコアはこれらの1か0のいずれかである。ファジイ集合では1と0だけでなく，部分的成員資格の程度に応じて，「たいていブランドに入る」と判断できる場合には0.8，「どちらともいえない」ならば0.5，「たいていブランドでない」なら0.2といった成員スコアを与えるのである。ファジイ集合はその特殊ケースとしてクレスプ集合を含んでいるのである。

「ほとんどブランドである」のように，程度の差異をもっと細かくしたければ，それに0.9という成員スコアを与えてもよい。しかし，程度の差異は多ければ多いほどよいというわけではない。重要なことは質的な差異の存在であり，また理論操作の容易性である。通常は部分的資格の成員スコアはいくら多くても0.1刻みで9個まで，たいてい5〜6個ぐらいまでにとどめた方がよい。

　成員スコアの中でもとくに重要なのは，完全資格を示す1，完全非資格を示す0，そしてその成員であるかどうかの質的差異の区切り点0.5である。この値を境にしてブランドであるかそうでないかの質的な差異が生じる。ファジイ集合での成員スコアの0.2から0.4への変化と0.4から0.6への変化はQCAでは同じではない。前者は同じ質（種類）での程度の差異であるのに対して，後者はブランドかそうではないかの質的な差異を表しているからである。

　ファジイ集合での成員スコアは，0と1との両端を持つだけでなく，程度の順序に従って増加していく。この点では，態度測定などに使われる序数尺度や連続変数の距離尺度に似ている。しかし，尺度としてのファジイ集合での成員スコアは序数尺度でもなければ距離尺度でもない。質的差異を示す区切り点の目盛り（つまり，0.5）を持つからである。この点で順序や連続性が切断される。ファジイ集合での成員スコアは質的差異を示す区切り点と量的な程度の組み合わせから成り立っている。それは0と100に区切り点を持つ摂氏温度などの尺度に似ている。

　0と1との両端を持つことから，ファジイ集合での成員スコアは確率に似ている。しかし，それは確率ではない。確率は相対頻度などの経験的観察にもとづいて設定される。一方，成員スコアはその概念の内包に関する言葉による定義にもとづいて設定される。それが表している不確実性は経験的な不確実性ではなく，概念的な不確実性である。

2. 集合への配属方法

▶配属とはどのような過程か

　シャネルはブランドであるか。ユニクロについてはどうか。事例（具体的な商品）を概念（ブランド）に割り付けるさいには成員スコアを用いる。成員スコアとは，クレスプ集合の場合は完全資格（＝1）か不完全資格（＝0）のどちらかである。ファジイ集合の場合には，これら以外に1と0との間の数値を取るスコアである。これらの1と0との間のスコアは部分的資格の程度を表している。しかし，0.5を境にして質的差異も表している。

　各事例がどのようなスコアを持っているかによって，その概念に入るかどうか決まる。シャネルが1であり，ユニクロが0であるなら，前者はブランドであり，後者はブランドではない。しかし，この1や0はどうして決めるのだろうか。それはブランド概念の内包にてらした，分析者の総合判断の結果である。

　各事例の成員スコアの設定には，理論知と経験知の組み合わせが必要である。理論知とは，その概念について先行研究による既知の知識である。企業の組織，戦略，活動，成果などについては，経営学の専門文献には重要な概念が示され，その内容が議論されている。これらによって，その概念が何を意味しているか，その本質的特徴を学ぶことができる。

　理論知には専門家による知識だけでなく，業界や企業で長年にわたり蓄積されている知識を付け加えてもよいだろう。これらは常識的な実践知を示している。それらは実務家にとってはデータを眺める一種の理論として機能している。その概念にてらして事例となる企業がどのような特徴を持っているのか。とくに上場会社であれば，その特徴については多くの実践知が蓄積されている。よいビジネス書にもこの種の知識が報告されている。

　経験知とはここでは，この研究調査の担当者が自らの調査によって蓄積し

た知識である。その情報源は極めて多様である。フィールドサーベイ，ヒアリング，フォーカスグループ調査だけではない。インターネットのウェブ探索によっても多様な情報を集めることができよう。その中でも新聞・雑誌の記事を電子テキスト化したアーカイブデータは極めて貴重である。

QCAによる実証研究では，問題となる事例の「配属」は全研究の基盤である。それはいわば料理における食材，下ごしらえのような作業である。実証研究での担当者の努力や時間の大半は，この配属過程に費やされるだろう。さらにこの過程では理論知と経験知の交流が常に発生する。理論知にてらして経験知の探索範囲を定める。獲得した経験知にてらして理論知の甘いところを修正したり，さらには理論知の射程外の問題に気づくようになる。この過程は新しい知識の発見の過程と言ってもよいだろう。

以上のような配属を上手くやるには次の点に注意する必要がある。[4] いずれの注意点も，概念の内包についての本質理解が不可欠であることを示している。

事例配属の注意点　　　　　　　　　　　　　　　　　　　　　　　ポイント2.1

➢ 事例の母集団を注意深く定義すること。
➢ 分析に使われる概念（条件と結果）を正確に定義すること。
➢ 成員の分岐点，（クリスプ集合については1か0か，ファジイ集合についてはそれらに加えて，質的差異の区切り点である成員スコア0.5）をデータ指標値のどの閾値に定めるかを決めること。
➢ 完全資格と不完全資格を定義すること。
➢ ファジイ集合については，部分的成員スコアの区切り数を決めること。

▶計量データの利用

QCAは定性データを扱うが，しばしば計量データを定性データに変換して利用する。この変換は計量データで閾値を設定することによって行われる。

---

4) Schneider, C.Q. and C. Wagemann, *Set-Theoretic Methods for the Social Sciences: A Guide to Qualitative Comparative Analysis*, Cambridge University Press, 2012.

クリスプ集合の場合には，その概念の集合の成員かどうかの閾値であり，ファジイ集合の場合には質的差異の区切り点（＝0.5）やその上下域で同質（同じ位相）内での程度の差を区切る値である。

　年齢という計量データを定性データに変換する場合を例に取ってみよう。研究者が高齢者層の行動に関心を持っている場合，まず高齢者という概念を設定し，この概念の成員資格を決めねばならない。何歳以上を高齢者とするかである。この閾値によって，クリスプ集合の場合には，高齢者と非高齢者に区分される。65歳をこの閾値に採用するにしても，この値の周囲で高齢者の程度を問題にしなければならない場合がある。この場合には，さらに70歳，60歳といった閾値を導入して高齢者をファジイ集合として設定しなければならない。

　これらの閾値を定めるにさいして，人口の年齢分布における平均値やその構成比率を示す分位数などはかならずしも役立たない。これらの数値は研究者が問題にしている高齢者の実体的内容を反映しているとは限らないからである。たとえば，人口を年齢順に並べた場合に，高齢順位で上位25％にちょうどあたる年令が高齢者であるとはいえない。重要な点は，理論概念の内包の実体的内容が，その研究コンテキストによって異なるということである。つまり，どのような「結果」を高齢者であることによって説明したいかである。

　その消費行動であるのか，幸福感であるのか，福祉の必要性であるのか，関心のある「結果」は研究コンテキストによって多様に異なる。閾値の設定で注意すべきは，何歳になればこのような「結果」に質的差異を生じるかである。この情報は年齢データからは出てこない。情報を得るには，研究者は年齢データだけでなく，高齢者にかかわる種々の外部資料を検討しなければならない。閾値はこの種の検討によって外部的に与えられるのである。

　数値の分布が大きく歪んでいる場合などでも，平均値や分位数などはかならずしも集合成員の閾値として使えない。たとえば，大都市という概念を設

定したいとしよう。日本の都市人口分布などは右裾の長い歪んだ分布である。その中で通常の統計基準によれば，東京都，大阪，横浜，名古屋などは平均値から大きく離れた異常値になる。そしてこの異常値が平均値を始め，中位数など分布のパラメータに大きく影響する。大都市であるかどうかの基準は人口だけでなく，問題となる人口の実体的内容，つまり大都市の本質的内容をどう定義するかにてらして設定しなければならない。

3. 集合関係を作るための基本演算

　因果関係など概念間の関係は一般に命題（あるいは仮説）と呼ばれる。統計学に頼る計量研究では，概念（変数）間の関連は，変数間の共変動や相関にもとづいている。これに対して，QCAでは，概念を事柄の集合として捉え，概念の関連を集合の関連（命題）として分析する。この分析のために，極めて基礎的な集合演算を使う。集合演算はいくつかの既知の集合から，さらに新しい別の集合を作るための操作である。

　その演算は，記号の表記法は若干異なるけれども，ブール代数，命題論理，集合論と呼ばれる数学領域で共通して使われているものである。その基礎はすべての高校生が学ぶ「数学A」での集合論初歩の域を出ない。学卒後に数学にまったく無縁であった人や，私学系で今まで数学をまともに勉強してこなかった人でも，その理解に苦しむことはないだろう。以下で集合の基本演算について展望しておこう。

▶集合の和，積，否定

　話を具体的にするために，世の中にあるすべての製品の集合を考えよう。製品の中には贅沢品もあり必需品もある。贅沢品を50万円以上の製品と定義し，

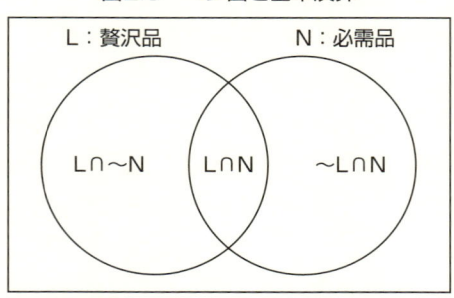

図2.3 ベン図と基本演算

（贅沢品Lと必需品Nのベン図：L∩～N、L∩N、～L∩N）

演算	できる領域		表記	論理式
論理和	和集合	LあるいはN	L∪N	L＋N
論理積	積集合	LかつN	L∩N	L＊NあるいはLN
Lの否定	Lの補集合	Lでない	～L	
Nの否定	Nの補集合	Nでない	～N	
全要素の集計	全体集合	四角形内	T	

必需品を世帯保有率が7割を超えている製品と定義しよう。この場合には，贅沢品も必需品も，その範囲が明確なクリスプ集合になる。

　贅沢品と必需品の関連やそれぞれの範囲は図2.3のベン図で示すことができる。この図は複数の集合間の関連や集合の範囲を視覚的に図形化したものである。図中で左の円Lは贅沢品の範囲を示し，右の円Nは必需品の範囲を示している。全商品は四角の範囲内にある。この範囲が全体集合である。円LとNが重なった共通部分は，贅沢品であるとともに必需品であるような製品である。

　基本演算の第1は論理和である。これによって和集合ができる。これはLあるいはNで囲まれる全領域である。この領域を表記するには，記号∪を使って，L∪Nと表記する。論理式で書く場合には，記号＋を使って，L＋Nと書く。論理式でこの記号＋は通常の代数のように加算を意味しないことに注意しよう。記号＋は集合演算で「あるいは」（OR）を意味している。混同

しないように注意しよう。贅沢品でも必需品でもない製品はこの和集合L∪Nの範囲外にある。2種の製品の定義によれば，ファッション雑誌などはこの範囲外の製品であろう。

　もうひとつの基本演算は論理積である。これによって積集合ができる。これはLでありかつNである領域，つまりふたつの円が重なった共通領域である。記号∩を使ってL∩Nと表記する。論理式で書く場合には，記号＊を使って，L＊Nと書く。論理式での記号＊は通常の代数のように乗算ではなく，「かつ」（AND）という意味である。記号＊は省略されて，簡便化のためにたんにLNと書くこともある。上述の定義に従えば，多くの自動車などは贅沢品であるとともに必需品であるから，この積集合の領域に入るだろう。

　もうひとつの基本演算として否定がある。これによって否定される前の集合の補集合ができる。集合Lの否定は贅沢品でない製品であり，円Lの外部にある。この外部領域にある製品は集合Lの補集合である。集合Lの否定は記号〜を使って，〜Lと表記する。〜LはLの補集合である。集合Nについても同じようにその補集合を設定することができる。この否定を和集合や積集合と組み合わせることによって，図2.3に示すようにベン図内の各領域を

表2.2　クレスプ集合とファジー集合における基本演算

事例	集合成員スコア		演算			
	贅沢品 L	必需品 N	論理和 L+N	論理積 L*N	否定 〜L	否定 〜N
1	1	1	1	1	0	0
2	1	0	1	0	0	1
3	0	1	1	0	1	0
4	0	0	0	0	1	1
5	0.7	0.2	0.7	0.2	0.3	0.8
6	0.7	0.8	0.8	0.7	0.3	0.2
7	0.3	0.7	0.7	0.3	0.7	0.3
8	0.3	0.2	0.3	0.2	0.7	0.8

表記することが可能になる。

　表2.2の事例1〜4はこのようなクリスプ集合の例である。特定集合の成員ならば1，そうでなければ0で示されている。贅沢品であるか必需品であるかの集合，つまり和集合の要素は事例1から3であり，1で示されている。しかし，贅沢品でかつ必需品の集合，つまり積集合の要素（成員）は事例1だけである。

　事例1は贅沢品の集合Lの成員であり，非贅沢品の成員ではない。贅沢品の否定，つまり非贅沢品の集合〜Lの成員でないから0で示されている。また事例4は贅沢品でも必需品でもない。だから〜Lと〜Nそれぞれの成員であるから1で示される。後にルール2.2で示すように，否定によりできる補集合の成員スコアを得るには，否定前の集合の成員スコアを1から差し引けばよい。

▶ファジィ集合の基本演算

　しかし製品によっては贅沢品かどうか，必需品かどうかの判断に迷う場合がある。この場合に贅沢品，必需品の集合はそれぞれファジィ集合になる。ファジィ集合は集合の境界が不明確な集合である。事例5〜8はこのようなファジィ集合の要素を示している。この場合，集合への成員性はクリスプ集合のような1か0かだけでなく，その間の値も含む成員スコアで表す。0.5という数値を贅沢品かそうでないかの区切り点とすれば，事例5の贅沢品ファジィ・スコア0.7は「やや贅沢品だ」という贅沢品であることの程度を表している。また事例7の0.3という成員スコアは「やや贅沢品でない」という贅沢品の程度を表している。他の数例も同様に解釈できよう。

　ファジィ集合も含む場合に，集合間の演算はどのように行うのだろうか。そのポイントは，演算の結果できる和集合，積集合，否定集合などについて各事例の成員スコアを計算することにある。この計算ルールは簡単である。

ファジイ集合における論理和と論理積の成員スコア計算　　ルール2.1

論理和の成員スコアは最大値ルールを使う：
　　和集合の成員スコア ＝ 集合間での最大値
論理積の成員スコアは最小値ルールを使う：
　　積集合の成員スコア ＝ 集合間での最小値

　例として事例5を取り上げてみよう。事例5の成員スコアは贅沢品集合Lについては0.7，必需品集合Nについては0.2である。これらふたつの集合間で最大値は0.7，最小値は0.2である。だから事例5の成員スコアは，LとNの和集合について0.7，積集合については0.2になる。

　成員スコアについてのこのような計算ルールはクリスプ集合間の演算の場合にも使われていたことに注意しよう。たとえば，事例1の場合にふたつの集合LとN間で最大値と最小値は等しくともに1である。だから事例1の成員スコアは，LとNの和集合についても積集合についても1である。事例2の成員スコアはLについては1，Nについては0だから，最大値は1で最小値は0である。だからこの事例2の成員スコアはLとNの和集合については1，積集合については0になっている。

　否定によってできる補集合の成員スコアはどのように計算すればよいのか。この計算ルールも単純である。つまり

否定によってできる補集合の成員スコア計算　　ルール2.2

否定ルール：
　　補集合の成員スコア ＝ 1 － 否定前の集合の成員スコア

　表2.2で否定によってできる補集合を見ると，クリスプ集合でもファジイ集合でも，成員スコアはこのルールで計算されている。

▶論理演算子の組み合わせルール

論理式で和集合を作る記号＋，積集合を作る記号＊，補集合を作る記号〜は，論理演算子と呼ばれる。QCAの特徴は，いくつかの集合（概念）を組み合わせながら，新しい集合を作り問題を分析していく点にある。そのさい，論理演算子が重要な役割を果たすのである。論理演算子そのものは簡単であるが，多くの集合（概念）を組み合わせていくさいには，論理演算間に成立する関係を知り，論理演算子の組み合わせ方の規則を理解する必要がある。主要な規則は，交換則，結合則，分配則である。3つの集合A，B，Cについていえば，これらの規則は次のようなものである。

集合間の交換則　　　　　　　　　　　　　　　　　　　　ルール2.3

交換則：
　ふたつ以上の要素が「かつ」（＊），「あるいは」（＋）で連結される順序は無関係である。この交換則が成り立てば
　　　$A * B = B * A$
　　　$A + B = B + A$
　しかし，補集合については，交換則は成り立たない。1－AはA－1に等しくはない。

集合間の結合則　　　　　　　　　　　　　　　　　　　　ルール2.4

　3つ以上の要素について，どのような順序で結合していってもよい。結合則が成り立てば，括弧内をまず結合するとすると，
　　　$(A * B) * C = A * (B * C) = (A * C) * B$
　　　$(A + B) + C = A + (B + C) = (A + C) + B$

集合間の分配則　　　　　　　　　　　　　　　　　　　　　　ルール2.5

同じ論理式で「かつ」(*)，「あるいは」(+) の演算子が使われているとき，各項で共有している要素をくくり出すことができる。分配則が成り立てば，
$$(A * B) + (A * C) = A * (B + C)$$

以上3つのルールは分析のための論理演算にさいして使われる。さらに全体集合と空集合を作る演算もよく使われる。

全体集合は，ある集合の成員である全要素とその集合の非成員である全要素を結合した和集合である。

全体集合U　　　　　　　　　　　　　　　　　　　　　　　　ルール2.6

全体集合Uとは，ある集合Aとその補集合～Aの和集合である。論理式で書くと，
$$U = A \cup \sim A \quad つまり，\quad U = A + \sim A$$

次に，ある集合とその補集合の積集合を作ると，それは空集合になる。空集合 ϕ は要素をひとつも含まない，つまり集合の成員がいない集合である。つまり，

空集合 ϕ　　　　　　　　　　　　　　　　　　　　　　　　ルール2.7

ある集合Aとその補集合～Aの積は空集合である。論理式で書くと，
$$A \cap \sim A = \phi \quad つまり，\quad A * \sim A = \phi$$

である。これは補集合が元の集合の成員を除く，非成員だけを要素とする集合と定義されていることの結果である。空集合 ϕ を作り出す演算は，中間排除ルールに従っている。それはある要素は，ある集合とその補集合の両方の

成員には同時になれないというルールである。

　このルールはファジイ集合については当てはまらない。ファジイ集合では元の集合とその補集合の両方への部分的成員資格を認めるからである。しかしファジイ集合の性質について注意すべき重要なことは，元の集合とその補集合の両方で，同時に部分的成員資格スコアを高めることはできないという点にある。

　どの事例でも成員スコアを高めることができるのは，元の集合か補集合のいずれかひとつにおいてだけである。この点は，たとえば表2.2で各事例の非贅沢品〜Lの成員スコアの計算方法に示されている。非贅沢品L（贅沢品Lの補集合）の成員スコアは，1から贅沢品Lの成員スコアを差し引くことによって計算されている。ファジイ集合では成員スコアは，0.5という質的区切り点の上下にある事例間の質的差異を設定しようとしているからである。

▶実証研究での集合演算の使い方

◆意見を論理式で表す

　集合演算やそれらの間の関係則は，実証研究でどのように使うのだろうか。具体例を挙げて説明しよう。贅沢品が何であるかに関しては議論が絶えない。贅沢品の定義のさいには，卓越品質，高価，希少性，シンボル性（ステイタス・シンボルなど）といった製品属性が使われる。これらは贅沢品概念の内包である。しかしこれらの属性がどのように組み合わさって贅沢品を作り出しているかについては意見の一致がない。

　各属性を持つ製品の集合を，それぞれ，Q（卓越商品の集合），P（高価な商品の集合），R（希少な商品の集合），S（シンボル性のある商品の集合）とする。いま仮に，多くの専門家の意見（T）によれば，贅沢品は次のような属性関係を示す論理式によって成り立っているとしよう。

　　(1)　P * (Q + S + R) → T

この式は専門家の通説を論理式で表現したものである。記号＊は「かつ」（AND），＋は「あるいは」（OR）を意味する論理演算子である。この式によると，贅沢品は高価であるとともに，卓越品質かシンボル性か，あるいは希少であるかのいずれかの属性をあわせ持つ製品である。このように，QCAによると，言葉で述べられた理論や意見でも論理式で表現することができる。

　ある研究者がこの通説に挑戦するために，若者消費者が贅沢品をどのように認知しているかの調査を行い，その発見物（F）を次のような論理式にまとめたとしよう。

　　　(2)　Q＋P＊(～S＋～R)→F

この発見物によれば，卓越品質を持つ製品はかならず贅沢品である。卓越品質を持つ品以外にも，シンボル性がなくとも高価格の製品，あるいは希少性がなくとも高価格の製品もまた贅沢品である。

　このように論理式は，その左辺に見られるように，通説（T）や発見物（F）を集合間の複雑な関係として表している。このような研究状況では，通説と発見物はそれぞれどのような製品を贅沢品から除外しているかが問題になる。この問題は集合論的にいうと，TやFの補集合，～Tや～Fは何かという問題である。これを解くには，TやFといった複雑な集合の補集合を求めねばならない。

◆**論理式の否定（補集合）を求める**

　まず高価格品と卓越品質品のふたつの集合を考え，それらの集合関係の否定がどのような補集合を作り出すかを図2.4のベン図で見てみよう。図ではふたつの集合間の関係によってできる各領域が，集合関係を表す論理式で示されている。また図の下部には，これらの論理式の否定によってできる，各領域の補集合が論理式で示されている。

　これらを比較すれば，論理命題の否定が論理演算子の簡単な操作で行われ

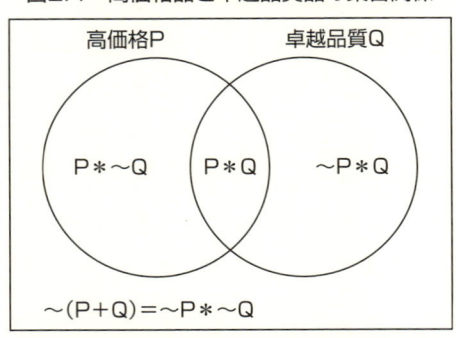

図2.4　高価格品と卓越品質品の集合関係

```
         高価格P            卓越品質Q

         P*~Q      P*Q       ~P*Q


              ~(P+Q)=~P*~Q
```

各領域を表す論理式	否定（補集合）
P*Q	~P+~Q
P+Q	~P*~Q
P*~Q	~P+Q
~P*Q	P+~Q

ていることがわかるだろう。つまり元の論理命題である集合が肯定であれば，補集合では否定される。つまりPは~Pになる。逆に元の論理命題で~Pであれば，補集合ではPになる。次に，元の論理命題における演算子＊は，否定されると＋に変わり，演算子＋は否定によって＊に変わる。これらはふたつ以上の集合を含む論理命題でも同じである。論理命題の否定は，もっとも基礎的な高校数学Aで学習するド・モルガン法則に支配されている。この法則を利用すれば，集合関係の補集合を導出することは簡単である。

ド・モルガン法則　命題の否定によるその補集合の導出　ルール2.8

➤論理式で表した命題を否定するには，その命題の単一要素のすべてで肯定は否定に，否定は肯定に換える。
➤論理演算子＋は＊に，＊は＋に換える。
　たとえば，括弧内の命題を否定すると，以下のようになる。

---

3. 集合関係を作るための基本演算　55

$$\sim(P + Q) = \sim P * \sim Q \quad あるいは \quad \sim(P \cup Q) = \sim P \cap \sim Q$$
$$\sim(P * Q) = \sim P + \sim Q \quad あるいは \quad \sim(P \cap Q) = \sim P \cup \sim Q$$
$$\sim(\sim P + \sim Q) = P * Q \quad あるいは \quad \sim(\sim P \cup \sim Q) = P \cap Q$$
$$\sim(\sim P * \sim Q) = P + Q \quad あるいは \quad \sim(\sim P \cap \sim Q) = P \cup Q$$

　この法則を贅沢品の通説に適用してみよう。
通説の $P * (Q + S + R) \rightarrow T$ を否定すると

(3)　　$\sim P + \sim Q * \sim S * \sim R \rightarrow \sim T$

になる。通説によれば，高価格でない製品以外に，卓越品質，シンボル性，及び希少性をすべて併せ持たない製品が贅沢品から除外されている。
　研究者の発見物はどのような製品を贅沢品から除外しているのだろうか。発見物の $Q + P * (\sim S + \sim R) \rightarrow F$ を否定すると

(4)　　$\sim Q * \sim P + S * R \rightarrow \sim F$

になる。発見物は卓越品質でなくかつ高価格でない製品，あるいはシンボル性と希少性を併せ持つ製品を贅沢品から除外している。

◆**新発見との関係**

　実証研究で新しい発見物が得られた場合に，その発見物と通説はどのような関係にあるのだろうか。発見物と通説が一致して，通説を支持している事例領域はどこか。発見物が通説を支持しない事例領域はどこか。発見物による新発見という事例領域はどこか。そしてこれらの各領域で事例はどういう特徴を持っているのか。これらの集合関係が実証研究では常に問題になる。図2.5のベン図はこれらの関係を図示している。
　図に示されているように，これらの問題は集合論的にいえば複雑な集合間の積集合を求めることによって解くことができよう。たとえば，通説支持の

図2.5　通説と発見物の関係

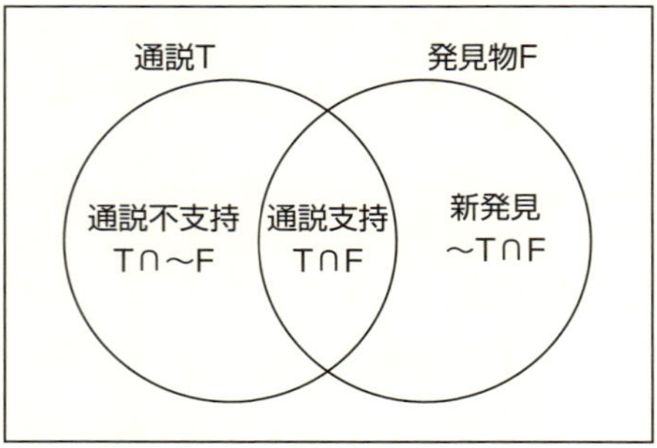

通説T　　発見物F

通説不支持　通説支持　新発見
T∩~F　　T∩F　　~T∩F

領域を確認するには，式(1)の左辺P＊(Q＋S＋R)と式(2)の左辺Q＋P(~S＋~R)の積集合を求めねばならない。集合間の交換，結合，分配の規則を使って求めてみよう。表記を簡単にするために，＊などは省略して，P＊QならばたんにPQと書こう。

　　T∩F＝[P＊(Q＋S＋R)]＊[Q＋P(~S＋~R)]
分配則によって内部の括弧を取ると
　　　　＝(PQ＋PS＋PR)(Q＋P~S＋P~R)
Fの各項はTの各項によって乗算されているから
　　　　＝PQQ＋PPQ~S＋PPQ~R
　　　　　＋PSQ＋PPS~S＋PPS~R
　　　　　＋PRQ＋PPR~S＋PPR~R

このような複雑な式を簡単化するため，集合演算ではルール2.9に示す一連のルールを使う。[5]

ルール2.9を使ってさらに上式を整理しよう。QとQの積集合はQであり，PとPの積集合はPであるから，QQ＝Q，PP＝Pと簡略化できる。またS~Sなどのようにある集合とその補集合の積（共通部分）は空集合であり，それと他の集合の積は存在しないから，空集合との積項は消滅する。さらに

---

5) Whitesitt, J.E., *Boolean Algebra and its Applications*, Dover Publications, 1995.

交換則（ルール2.3）によりアルファベットの順に各集合を並べて整理すると，
= PQ + PQ~S + PQ~R
　+ PQS + P~RS
　+ PQR + PR~S

になる。

他の集合演算ルール　　φ＝空集合，1＝全体集合　　ルール2.9

➢ 同一則： 同じ集合の積や和はその集合になる。
　例）QQ = Q　　　P + P = P
➢ 補元則： ある集合とその補集合の積は空集合。
　例）S~S = φ
➢ 吸収則： ある集合と，そのいくつかの部分集合の和や積では部分集合を吸収できる。
　例）P(P + Q) = P　　　P + PQ = P
　　　PQ + PQ~S + PQ~R + PQS = PQ
➢ 恒等則： 空集合や全体集合と他の集合との演算。
　例）φP = φ　　φ + P = P　　1P = P　　1 + P = 1
➢ その他の演算則：
　例）~φ = 1　　~1 = φ

PQ~S, PQ~R, PQS, PQRはすべてPQの部分集合であり，これらはすべて＋（OR）で結ばれているから吸収則によりPQを残し，部分集合PQ~S，PQ~R, PQS, PQRを吸収することができる。同じように，P~RS, PR~SはPの部分集合だからPを残し，これらの部分集合を吸収することができるから，
= PQ + P
= P

表2.3　複雑な論理式での成員スコア計算

事例	成員スコア				否定演算		複雑な論理式
	高品質 Q	高価格 P	希少性 R	シンボル性 S	∼S	∼R	Q+R*(∼S+∼R)
1	1	1	0	0	1	1	1
2	0	0	1	1	0	0	0
3	0.9	0.9	0.3	0.7	0.7	0.3	0.9
4	0.7	0.3	0.3	0.7	0.7	0.3	0.7

になる。通説のうち，発見物で指示されるのはP，つまり高価格品のみである。

　発見物の新発見領域や通説不支持領域も同じように求めることができる。新発見領域は∼TとFの積集合であるから，式(3)の左辺∼P＋∼Q＊∼S＊∼Rと式(2)の左辺Q＋P(∼S＋∼R)の積を求めればよい。これを計算すれば，∼PQになる。高価格品ではないが卓越品質を持つ商品も贅沢品と見なされている。これが新発見である。

　通説のうち発見物が不支持の領域はTと∼Fの積集合であるから，これを求めるには式(1)の左辺，P＊(Q＋S＋R)と式(4)の左辺∼Q＊∼P＋S＊Rの積を求めればよい。計算すると，PRSになる。若者消費者は高価格で希少性がありかつシンボル性のある製品，たとえば骨董品などは贅沢品と見なしていないことになる。

▶複雑な集合での成員スコアの計算

　複雑な論理式で通説や発見物が示される場合，各事例はそれらの論理式で示される集合にどのように所属しているのか。これを確かめるには複雑な論理式での各事例の成員スコアを計算する必要がある。この作業も表2.3に示されているように難しい作業ではない。

　表2.3では贅沢品に関連する4つの個別条件について，4つの事例の成員スコアが示されている。この個別条件スコアから複雑な論理式で示される集

合での成員スコアを計算するには，まず個別条件スコアを複雑な論理式に代入した上で，ファジィ集合での成員スコア計算ルール（ルール2.1）に従って計算すればよい。たとえば，事例1について個別条件スコアを複雑な論理式に代入すれば，

　　事例1　　　1 + 1 * (1 + 1)

である。括弧内の最大値は1だから，括弧内は1になり，1＊1の最小値は1だから1＊1は1になる。そして1＋1の最大値は1だから，結局，事例1の複雑な論理式における成員スコアは1になる。

　次に，事例3の場合について見ると，個別条件スコアやその否定演算のスコアを複雑な論理式に代入すると，

　　事例3　　　0.9 + 0.9 * (0.7 + 0.3)

になる。括弧内での最大値は0.7だから，これが括弧内の値になる。0.9＊0.7で最小値は0.7であり，0.9＋0.7で最大値は0.9である。したがって，複雑な論理式での事例3の成員スコアは0.9になる。

　このように論理式がいかに複雑であっても，そこでの各事例の成員スコアはひとつの数字になる。QCAでは，理論，仮説，発見物あるいは分析の解などが，しばしば複雑な論理式で表現される集合として示される。この集合で各事例の成員スコアがどうなっているのか。この点を分析の過程で絶えず確認する必要があるので，複雑な論理式での成員スコアの計算は，QCAでは頻繁に行われる作業である。

補論:
外的基準が明確でない場合のファジイ集合への配属方法

　概念への事例配属の基本は，その研究対象に関する分析者の実体知識や理論にもとづき行うことである。たとえば，種々の製品が贅沢品に入るかどうかは，贅沢とは何かについての理論知識やその製品とその使用者についての実体知識などによる外的基準が必要になる。しかし，経営世界，とくにそこでの創発事象ではこの配属のための正確な外的基準がないことが多い。とくにファジイ集合型の概念を使う場合には，0と1との間のどのような成員スコアを使うかで判断に迷う場合もあろう。

　このような場合でも，調査や既存統計などによってその概念についての数量データを得られる場合がある。たとえば，贅沢品の場合には各製品の価格データは容易に得られるし，調査を行えば品質，希少性，シンボル性などについて消費者意見のデータを収集することができるだろう。高齢者市場に関心があるときには，既存の統計データは豊富にある。このような研究状況では，距離尺度や比例尺度で測定された数量データを，どのように成員スコアに変換すればよいかが問題になる。

　この変換の方法は，分析者が持っている外的基準の知識状態に依存している。まず，分析者が目的集合（事例を配属する概念）を明確に設定できる場合である。たとえば，贅沢品についていえば，それに該当する具体的な製品の集まりを指定できる場合である。このさい，分析者は消費者意見で何％の人が贅沢品と認めれば，その製品を贅沢品とするか，つまり贅沢品に完全帰属する閾値を判断できよう。同じように，まったく贅沢品でないという非完全帰属の閾値や，さらに贅沢品と非贅沢品を分ける質的分岐点がどのあたりにあるかの判断ができよう。

　少なくとも完全帰属閾値Mと不完全帰属閾値N，そして質的分岐点値B

という3つの外的基準を分析者が提供できれば，fsQCAは数量データをファジィ集合での成員スコアに変換する関数を用意している。それはFS/QCA Data Sheetの〈Variables〉（変数）のタブをクリックすると現れる〈Compute Variable〉（変数の計算）シートで，〈Functions〉（関数）の所にあるcalibrate(,,,)関数である。

変換対象の数量データでの変数名をXとすれば，この関数の括弧内には，X, M, B, Nを入れて

calibrate(X, M, B, N)

のように設定すれば，Xの数値はそれに対応する0と1との間の成員スコアに変換される。この変換の具体的な操作手順はfsQCAマニュアルの2データエディタに詳しい。

数量データをファジィ集合で0と1との間の成員スコアへ変換するために，fsQCAは完全帰属の対数オッズを使っている。[1] オッズとは確率の別表現である。ある事象が生じる確率をpとすれば，生じない確率は1－pである。オッズとはこれらの比である。つまり

$$オッズ = \frac{p}{1-p}$$

補表2.1には，集合の成員帰属についての第1列の種々な言語表現が第2列で確率で示されている。第3列は上式で計算したオッズである。これは0から無限大の範囲の値を取る。第4列の対数オッズはオッズの自然対数を取ったものである。対数オッズは0（0.5/0.5のオッズ）を中心に対称的な値を取り，マイナス無限大からプラス無限大の数値になる。しかし，対数オッズ値を正確に1や0に逆変換できないので，fsQCAでは対数オッズ3.0以上を完全帰属，－3.0以下を完全非帰属と見なして，これらの数値を成員スコアへの変換に使っている。

---

1) Ragin, C.C., *Redesigning Social Inquiry: Fuzzy Sets and Beyond*, University of Chicago Press, 2008.

補表2.1　言語表現の数学表記

集合成員帰属の言語表現	成員の程度	オッズ	対数オッズ
完全帰属（まったく成員である）	0.993	141.86	5.0
完全帰属の閾値	0.953	20.28	3.0
たいていは成員	0.881	7.40	2.0
どちらかといえば成員	0.622	1.65	0.5
質的分岐点	0.5	1.00	0.0
どちらかといえば非成員	0.378	0.61	−0.5
たいていは非成員	0.119	0.14	−2.0
完全非帰属の閾値	0.047	0.05	−3.0
完全非帰属（まったく成員でない）	0.007	0.01	−5.0

　変換の例を挙げよう。高齢化が進行するにつれて，高齢消費者の行動に関心が集まっている。しかし，高齢層というのはファジィ集合である。たとえば70才以上の95％は高齢層に入る，60才未満では5％が高齢層である，高齢層と非高齢層の分岐点を65才としよう。このように分析者が考えたとすれば，そのさい，68才や61才の人の高齢層成員スコアはどうなるだろうか。
　68才の場合，この年齢の対数オッズを次式で計算する。

$$68の対数オッズ = \frac{完全帰属の対数オッズ}{完全帰属年齢 - 当該年齢} \times (当該年齢 - 質的区切り点年齢)$$

$$= \frac{3}{70-68} \times (68-65) = 4.5$$

　この対数オッズ値を0と1との間の成員スコアに変換するには次式を使えばよい。

$$成員スコア = \exp(対数オッズ) / (1+\exp(対数オッズ))$$

expは指数を取ることを示している。68才の成員スコアは0.989になる。

64才の場合には

$$64\text{の対数オッズ} = \frac{\text{非完全前帰属の対数オッズ}}{\text{非完全帰属年齢} - \text{当該年齢}} \times (\text{当該年齢} - \text{質的区切り点年齢})$$

$$= \frac{-3}{-5} \times (64 - 65) = -0.6$$

上記の変換式を使うと，64才の成員スコアは0.354になる。fsQCAに組み込まれているcalibrate (,,,) 関数は，以上のような煩雑な計算を簡単により正確にやってくれる。数量データでの完全帰属数値，非完全帰属数値，そして質的区切り点の3つを分析者が指定して行う以上のような配属方法は直接法と呼ばれる。

しかし，調査研究対象によっては，分析者がこのような判断さえもできず，数量データから事例をいくつかの成員資格グループにおおざっぱに分類することしかできないかもしれない。このさいには，間接法という方法がある。

この方法では，まず目的集合（成員帰属の対象になる概念での事例集合）での事例を，数量データから見た成員資格の程度に応じていくつかのグループに分けねばならない。この分類はできるかぎり分析者の理論知識や実体知識にもとづき行うが，試行的なものであり分析が進むにつれ修正されることもある。

次に，この分類カテゴリーのそれぞれに成員スコアを与える。たとえば，4分類を採用するとすれば，

　　目的集合に入る（成員スコア＝1）
　　どちらかといえば目的集合に入る（成員スコア＝0.7）
　　どちらかといえば目的集合に入らない（成員スコア＝0.3）
　　目的集合に入らない（成員スコア＝0）

のようになろう。これらの成員スコアはおおざっぱで仮設的なものであり，

またカテゴリーの数も試行的であり，もっと増やしてもかまわない。

　第3に，仮設的な成員スコアを従属変数にし，数量データを独立変数にしてこれらの統計的関連を分析する。仮設的成員スコアはカテゴリー変数であり，その数は2を超えているから，従属変数が4つのカテゴリーからなるロジット・モデルが必要である。この手法は先端統計手法であり，その利用には統計ソフトのStataやRが必要になる。そして適切な分類カテゴリーを模索しながら，精度の高いモデルによる成員スコアの推計値を成員スコアとして利用するのである。

　以上のような方法以外にも，ソフトRのQCAパッケージは,配属を決めるいくつかのメンバーシップ関数を提供している。[2] しかしそれらの手法はかなり専門的であり，その利用には統計学の知識がいる。

---

[2] Thiem, A. and A. Dusa, *Qualitative Comparative Analysis with R, : A User's Guide*, Springer, 2013.

第 3 章
因果関係をどう捉えるか

特定の「結果」がどのような原因条件によって生み出されているのか。これは「結果」と原因条件との間の因果関係の問題である。因果関係とは何か。原因をどのように確認するか。18世紀の英国の哲学者ヒューム（D. Hume）はこれらについて初めて深く考察した。ヒュームは原因というものを二様に捉えた。[1] それを継承して，以後の研究文化では，原因の捉え方についてふたつの考え方が並存している。

ひとつは「結果」と生起関連を持つものである。現代風にいえば，「結果」と統計的に共変動する要因である。この見方は計量研究に受け継がれている。そこでは，回帰分析における回帰係数のように，「結果」に与える要因の効果の大きさによって因果関係が推論される。もうひとつは，それが存在しなかったら，結果が生じないような要因である。現代風にいえば，原因の必要条件や十分条件である。この見方は，統計分析を行うに十分な観察数が得られない定性研究の領域で受け継がれた。

QCAにおける因果関係の把握も，この後者の見方にもとづいている。QCAでは，前章で指摘したように，「結果」と原因条件のそれぞれを事例の集合として捉える。因果関係はこれらの集合間の関係として分析されることになる。集合関係の分析によって因果関係をどう捉えるか，これが本章の課題である。学習目標は次の点を理解することである。

- 集合関係をどのような視点から見るのか。
- 「結果」をかならず生み出す十分条件とは何か。それをどう見つけるのか。
- 「結果」をかならず含んでいる必要条件とは何か。それをどう見つけるのか。
- 原因条件の多様な絡み合いによって生まれる因果複雑性とは何か。

---

[1] D. Hume, *Enquiries concerning Human Understanding, and concerning the Principles of Morals*, Oxford University Press, 1975. 初版は1759年。（斉藤繁雄・一ノ瀬正樹訳『人間知性研究』法政大学出版局，2011年）

1. 集合関係を見る視点

▶2種の視点

　QCAでは2種の視点から集合関係を分析する。例として贅沢品の条件という仮設的な実証問題を取り上げてみよう。贅沢品というものが消費者によってどのように認知されているか。とくに高価格と稀少性という条件が贅沢品として認知する条件になっているかどうか。この点に研究者が関心を持っているとしよう。

　いくつかの製品事例について，贅沢品として認知されているかどうか，高価格品であるかどうか，稀少品であるかどうかの調査を行ったとすれば，各製品が贅沢品，高価格品，稀少品に関してどう認知されているかのデータを得ることになる。これによって，贅沢品，高価格品，稀少品のそれぞれがどのような製品の集まり（集合）から成り立っているのかを把握できよう。贅沢品集合が「結果」であり，高価格品集合と稀少品集合はそれぞれ贅沢品を生み出す原因条件である。

　高価格や稀少性によって，贅沢品が生み出されているのか。QCAではこの因果関係を分析する。「結果」と原因条件にかかわる概念はすべて集合として把握されている。したがって，因果関係は「結果」と原因条件の間の集合関係として分析されるのである。

　調査結果で得た集合関係をベン図で書くと図3.1のようになった。四角は全調査製品を含んでいる。その中で，贅沢品，高価格品，稀少品の集まりはそれぞれ円で示されている。QCAはこの種の集合関係にもとづき，「結果」と条件との間にどのような因果関係があるかを分析するのである。

68　第3章　因果関係をどう捉えるか

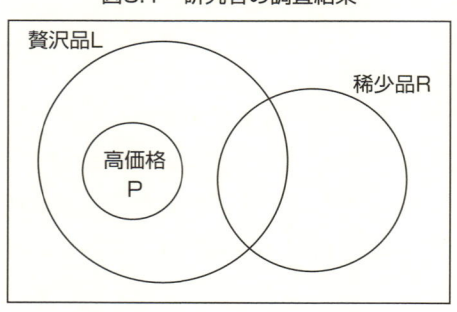

図3.1　研究者の調査結果

[贅沢品L の円の中に 高価格P の円が含まれ、稀少品R の円が贅沢品L と一部重なっている図]

そのさい、QCAでは次のふたつの視点から集合関係を見ていく。

集合関係を見るQCAの視点　　　　　　　　　　　　ポイント3.1
➢集合関係を非対称的な因果関係として解釈する。 ➢原因条件を「十分性」と「必要性」の2側面から検討する。

▶因果関係の非対称性

　非対称的な因果関係とはどのようなものか。要因Xが要因Yの原因になっているなら、逆にYがXの原因になることはない。これが因果関係の非対称性である。上例について説明しよう。

　まず注目すべきことは、高価格品の集合が贅沢品集合の中に完全に含まれていることである。集合論的にいうと、高価格品Pは贅沢品Lの部分集合である。高価格品の事例はすべて同時に贅沢品の事例になっている。これを記号⊂を使って、P⊂Lと表す。このことを逆に、贅沢品Lは高価格品Pを含んでいると言ってもよい。記号⊂を使うと、L⊃Pである。この時、LをPに対する上位集合（superset）であるという。贅沢品と高価格品は部分集合

関係かあるいは上位集合関係にある。

このような集合関係で注意すべきことは，交換則（ルール2.3）が成り立たないことである。高価格品Pはかならず贅沢品Lであるが，逆に贅沢品Lはかならずしも高価格品Pとはかぎらないからである。だから

$$P \subset L \neq L \subset P$$

である。

QCAでは，このような集合関係を原因条件と「結果」との因果関係として解釈する。数理論理学の命題論理と同じように，部分集合関係を「もし…ならば，…である」という因果命題として解釈するのである。上例についていえば，「高価格品ならば，贅沢品である」という命題になる。この時表記法としては，記号→を使って，P→Lと表す。

因果命題は部分集合関係にもとづいている。部分集合関係で交換法則が成り立たないから，因果命題でも交換法則は成り立たない。つまり

$$P \to L \neq L \to P$$

である。このように，QCAでは因果関係を片方向的な，つまり非対称的な関係として捉える。非対称的な因果解釈は，QCAの重要な特質である。

▶原因条件の十分性と必要性

QCAには集合関係を見るもうひとつの視点がある。原因となる条件を「十分性」と「必要性」の2側面から捉える。十分性を備えた原因条件は十分条件と呼ばれる。十分条件とは，その条件が備わればかならず「結果」が生じる条件である。

上例では，高価格が贅沢品の十分条件である。高価格品は贅沢品の部分集合であり，高価格の製品はかならず贅沢品だからである。しかし，稀少品の場合は贅沢品の十分条件ではない。稀少品の一部だけが贅沢品であり，稀少

品であるからといって，かならず贅沢品であるとはかぎらないからである。部分集合であるかどうかが十分条件の決め手である。

　必要性を備えた原因条件は必要条件と呼ばれる。上例についていえば，贅沢品のすべてが共通して持っている条件である。つまり，「結果」が共有している原因条件が必要条件である。上例では高価格も希少性も必要条件ではない。高価格品は贅沢品の部分集合であるから，高価格という条件を備えない製品も贅沢品になる場合がある。贅沢品のすべての事例が高価格という原因条件を共有していないから，高価格は必要条件にならない。

　贅沢品のすべての事例はまた稀少品という原因条件も共有していないから，稀少品という条件も必要条件ではない。さらに，稀少品であればかならず贅沢品であるともいえないから，稀少品は十分条件でもない。しかし，贅沢品は稀少品と部分的に重なり，共通部分を持っている。だから稀少品という条件と贅沢品という結果が何の関係もないということはできない。共通部分は，この調査では看過された他の何らかの条件が，希少性と何らかの集合関係を持つとき，贅沢品になることを示唆している。この研究者の次の調査課題のひとつはこの看過された条件を発見することになろう。

　十分条件と必要条件は紛らわしいので，初学者はしばしば混乱する。それを避けるには次のポイントをしっかり記憶しておくことが重要だ。このポイントを念頭に置いたとしても，これらの条件を探し出す具体的方法は，「結果」と原因条件にかかわる概念がクリスプ集合かファジィ集合かによって異なっている。

十分条件と必要条件の見分け方　　　　　　　　　　　ポイント3.2

- ➤十分条件を探すには，まず条件を見て，それを備えた事例のすべてが「結果」を出しているかを問う。
- ➤必要条件を探すには，まず「結果」を見て，その「結果」を出した事例のすべてで共有される条件があるかどうかを問う。

2. クリスプ集合での十分条件と必要条件

▶十分条件の探索

◆十分条件とは

　経営学者や実務家は，調査・研究対象として単独の成功事例をよく研究する。ビジネス書にもこの手のものが多い。その対象は様々だ。急成長企業といった一般的成果にもとづく成功事例だけではない。新製品開発の上手な企業，営業力の強い企業，販路開拓の上手な企業，トップセールスマンなど特定活動の成功事例もその対象だ。また企業だけでなく，観光客の吸引に成功している観光地，アクセスの多いウェブサイトなど，成功事例の対象は多様に拡がる。

　この種の事例研究の課題は，その成功を生み出した諸条件を探ることである。それらを発見すると，その模倣が勧められる。その根底には，これらの条件が成功の十分条件あるいは必要条件であるという暗黙の想定がある。しかし，それらの条件が成功の十分条件であるのか。それとも必要条件であるのか。この点を明記している事例研究は極めて数少ない。これは当然の結果でもある。単独事例で明らかにされた条件は，それだけでは十分条件であるとも必要条件であるとも，論理的にいえないからだ。

　十分条件であるという主張は，どのような論理にもとづかねばならないか。この点から検討しよう。十分条件であるというのは，その条件を満たせば，いずれの事例でもかならず「結果」が出るという条件である。条件をX，結果をYとすれば，

$$X \rightarrow Y$$

とならねばならない。Xを高価格品，Yを贅沢品とすれば，高価格品であればかならず贅沢品になる。しかし，この因果命題について注意すべきことは，この命題が同時に高価格品でなければ贅沢品ではないことを意味しない点で

ある。つまり，X→Yであるからといって，

$$\sim X \to \sim Y$$

を意味しないのである。

　なぜだろうか。高価格が贅沢品の十分条件であるという主張は，高価格品の事例だけにもとづいてそれが贅沢品かどうかを判断しているからである。言い換えれば，高価格品でないような製品事例については，何も語っていない。十分性の主張に関して，高価格品でないような事例は無関係なのである。

　この点は図3.2のベン図によって明確に理解できるであろう。図では四角内にすべての製品事例がある。大きい円内には贅沢品，その内の小さい円内には高価格品が含まれている。そして各領域の集合関係が示されている。高価格が贅沢品の十分条件であるということは，まず高価格品が贅沢品の中に完全に含まれるその部分集合ということである。十分条件はこの高価格品の集合Xについての観察にもとづいている。

　十分条件という主張は，高価格でない事例～Xが現れる領域については何も語っていない。それらは十分条件の主張にとっては無関係なのである。QCAの極めて重要な特質は，Xとその否定～Xは質的に異なる現象であり，

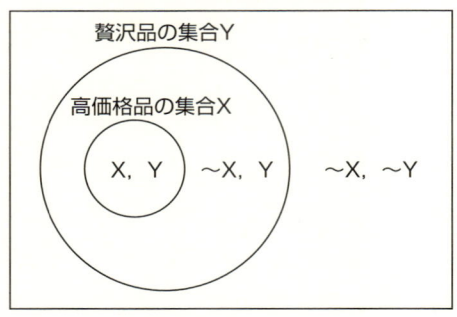

図3.2　十分条件のベン図

結果Yへの関連は異なる可能性があるとする点にある。高価格集合Xは贅沢品集合の全領域を覆っていない。これは高価格品以外の何らかの条件が，贅沢品という結果を生み出す可能性も示唆している。十分条件であるという主張は，他にも十分条件がある可能性を否定しないのである。

◆十分条件の検証

高価格品が贅沢品の部分集合であれば，つまり贅沢品の十分条件であれば，事例間の集合関係について次のようなパターンを事例間に観察できる。

- 高価格品であるとともに，贅沢品であるような製品事例（X∩Y）がある。
- 高価格品であるのに，贅沢品ではないような製品事例（X∩~Y）はない。

つまり，贅沢品集合の円外にはみ出るような高価格品集合はない。
そして，高価格品でない製品が贅沢品であるかどうかについては何もいえない。したがって，高価格が贅沢品の十分条件であるかどうかの確認は次のポイントをチェックするだけでよいことになる。

十分条件の証拠 ポイント3.3

> 条件Xが結果Yの十分条件であれば，Xが存在するのにYが存在しない事例はない。つまり，X∩~Yという集合関係を満たす事例はない。

上例に則していえば，高価格品であって同時に贅沢品でないような事例は存在しない。

調査結果をまとめるさいには，よくクロス表を使う。理解をさらに深めるために，十分条件検証のポイントをこのクロス表の観点からも見ておこう。図3.2のベン図をこのクロス表で表せば，表3.1のようになろう。この表で0は「いいえ」，1は「はい」を表している。事例は4つのセルのいずれかに入る。

十分条件の検証のためにはまず高価格品でない事例は無関係である。十分条件の確証に必要なことは，高価格品でかつ贅沢品である事例の反証事例が

表3.1　十分条件の検証

		贅沢品Y	
		0	1
高価格X	1	セルA 事例無し	セルB 事例有り
	0	無関係 セルC	無関係 セルD

ないこと，つまり高価格品であるにもかかわらず，贅沢品でないような事例がないことである。これが確認できれば，高価格品は贅沢品の十分条件になっている。

　以上のことは，原因条件と結果との集合関係から十分条件を検証するには，単独事例だけでは困難であり，比較事例というリサーチ・デザインが必要なことを示している。単独事例で発見した条件の十分性を確認するために，研究者はその条件を満たしても，結果は出ない他の事例が存在しないことを確認しなければならない。

▶十分条件の探索手順

◆探索の範囲

　ほとんどの調査研究では，「結果」を生み出す条件がひとつしかないという状況は数少なく，複数の条件がある。そのさい，十分条件をどのように探索していけばよいのか。まず必要なことは，検討すべき原因条件の範囲を明確にしておくことである。そのさい注意すべき点は，単独条件（素条件）だけでなく，その否定によってできる補集合や，素条件と補集合からなる複合条件も範囲に含まれることだ。

十分条件の探索範囲　　　　　　　　　　　　　　ポイント3.4

➢ 素条件（単独条件）
➢ 素条件の否定（補集合）
➢ 素条件とその否定を要素にしてできる複合条件

　仮設例として，消費者が贅沢品として認知するかどうか（結果）に，関心を持つ研究者がその原因条件として，高価格P以外に希少性Rとシンボル性Sを考え，10種の製品について調査したところ，表3.2のような結果を得たとしよう。素条件や結果の列の下の数字は，1＝はい，0＝いいえである。

表3.2　調査結果

製品	素条件			結果
	高価格P	希少性R	シンボル性S	贅沢品L
1	1	1	1	1
2	1	1	0	1
3	1	0	1	1
4	1	0	0	0
5	1	1	1	1
6	0	1	0	0
7	0	0	1	0
8	0	0	0	0
9	0	1	1	1
10	0	1	0	0

　十分条件検討の出発点となっているP，R，Sのそれぞれは素条件である。十分条件の検討対象はこれらの素条件だけではない。これら素条件の否定からなる補集合～P，～R，～Sも問題になる。QCAでは，ある集合とその否定は質的に異なり，別個の条件である。これらはそれぞれ独立に検討する必要がある。

さらに素条件とその補集合の6つの個別条件の間には，それらの構成によって多様な積集合の関係を含んでいる。QCAでは，これらの個別条件に加えて，それらの間の相互作用も条件として考慮する。QCAは，この相互作用を積集合によって表すのである。

表3.3は検討すべき十分条件候補の一覧である。まず，素条件とその補集合の6つから，それらの相互作用をまず2条件の組み合わせ（積集合）で考える。6からふたつ選ぶ場合の異なる組み合わせ数は15あるが，P〜P，R〜R，S〜Sのような空集合を除く（ルール2.9）と12になる。さらに，3条件からなる相互作用を考えると，異なる組み合わせ数は20であるが，その内で空集合を含むものは12あるから，検討すべき3条件の相互作用は8つである。

表3.3　十分条件候補の一覧

素条件と補集合	2条件の組み合わせ（12個）			3条件の組み合わせ（8個）	
P　〜P	PR	PS	RS	PRS	〜PRS
R　〜R	P〜R	P〜S	R〜S	PR〜S	〜PR〜S
S　〜S	〜PR	〜PS	〜RS	P〜RS	〜P〜RS
	〜P〜R	〜P〜S	〜R〜S	P〜R〜S	〜R〜R〜S

◆**各集合での成員スコア計算**

補集合，2条件組み合わせ，3条件組み合わせといった集合は，すべて3つの素条件から論理的に考えられる集合関係であり，元のデータに何らの変更も加えていない点に注意しよう。そして，これらの集合における各製品の成員スコアは，素条件の成員スコアと，前章で示した集合演算ルールによって簡単に計算できる。製品1について，各集合の成員スコア計算のいくつかを例示しておこう。

まず補集合の成員スコアは，否定ルール（ルール2.2）を適用して，1か

ら否定前の集合のスコアを引けばよいから，下記のようになる。

商品	素条件			補集合		
	高価格P	希少性R	シンボル性S	~P	~R	~S
1	1	1	1	0	0	0

2条件や3条件の組み合わせによる論理積の場合，集合間での最小のスコアを使うという最小ルール（ルール2.1）を適用すれば，

商品	2条件の組み合わせ　例					
	PR	PS	RS	P~R	P~S	R~S
1	1	1	1	0	0	0

商品	3条件の組み合わせ　例			
	PRS	PR~S	P~RS	P~R~S
1	1	0	0	0

のようになる。この種の計算を表3.3のすべての条件について，全製品に関して行い，十分条件を検証するのである。

素条件の数が多くなれば，それだけそれから生じる条件構成（組み合わせ）数は多くなる。k個の素条件からできる条件構成の数を求めると，

k個の条件から生じる条件構成数 = $3^k - 1$

である。k個の条件について，存在，非存在，空集合の3つの場合を考えると，その組み合わせ数は3^kになる。たとえば，A，B，Cという3つの条件があり，Cが空集合であればAB，BとCが空集合であればAという条件構成になる。A，B，Cがともに空集合であれば，条件構成として意味をなさない。だから3^kからk個すべてが空集合になる場合の個数1を引いているのである。

十分条件の検証はこのように繁雑な作業を含むが，現在ではパソコン・ソ

フトのfsQCAを使うと，以上のような作業は簡単である。さらにこのソフトは十分条件をひとつの論理式にまとめた解式を示してくれる。これを導く議論は後に詳論するが，表3.2にもとづく十分条件の解式は，

$$P*R + P*S + R*S \rightarrow L$$

である。解式とはデータ分析の最終結果としてえられた論理式である。この式によれば，贅沢品として認知される製品には3種ある。高価格で稀少な製品，あるいは高価格でシンボル性のある製品，あるいは稀少でシンボル性のある製品である。高価格，希少性，シンボル性という3つの条件のうち，任意の2条件を備えていれば贅沢品になる。

▶必要条件とは何か
◆十分条件との相違

　QCAのもうひとつのねらいは，「結果」を生み出す必要条件を明らかにすることである。必要条件は十分条件とどのように異なるのだろうか。

　前述のように，十分条件とは，その条件があれば，かならず「結果」が生じる条件であった。十分条件の発見にさいしては，まず条件から出発して，それがいずれの事例でも同じ「結果」を生み出すかどうかを検討した。これに対して，必要条件とは，ある「結果」を生み出したすべての事例において，共通して存在する原因条件である。必要条件の検討にさいしては，まず特定の「結果」から出発して，その「結果」が見られるすべての事例にわたって，共通する条件が存在するかどうかを見ればよい。

　もしXが必要条件であるならば，Xが存在しなければ結果Yは生じない。Yを示すいかなる事例も，～Xを示すことはできない。～Xであれば，Yは不可能なのである。たとえば，大学受験生の事例を取り上げ，Yを難関大学合格者とし，Xを英語の偏差値が60以上であるとしよう。難関大学の合格

者はすべて英語偏差値60以上であれば，XはYの必要条件である。

　しかし，難関大学であれば，英語偏差値60以上の受験生Xの中にも不合格者〜Yがいることもあるだろう。この場合，XはYの必要条件であるけれども，その十分条件ではないのである。偏差値60以上なければ合格しないが，その条件を満たしても合格するとはかぎらないのである。

　XがYの十分条件であるとき，記号では

$$X \rightarrow Y$$

と書く。この記号の読み方は，「もしXならば，その時Yである」，「XはYを含意する」，「XはYの部分集合である」などである。

　この命題によって，XがYの十分条件であれば，Yの値について何を期待できるだろうか。重要な点は〜Xによって〜Yを期待できない点である。英語の偏差値65以上が合格の十分条件であるなら，そのことによって65未満〜Xならば不合格〜Yとはいえないのである。なぜなら既述のように，十分条件は偏差値65以上の受験生にもとづいて導出されているからである。65以下の受験生の合否については何も語っていない。

　XがYの必要条件であるとき，記号では

$$X \leftarrow Y$$

と書き，「もしYならば，その時Xである」，「YはXを含意する」，「XはYの部分集合である」と読む。矢印がYから出ているが，YがXの原因であるという意味ではない。この矢印は因果関係ではなく，XとYとの論理的，集合的な関係を示しているにすぎない。矢印を使うより，「Yは論理的にXを含意する」，「YはXの部分集合である」といった方が誤解が少ないだろう。

　十分条件の場合には，条件Xの成員のみが問題であった。これに対して，必要条件の場合には「結果」Yの集合のみが問題になる。そしてYの事例は

すべてXを示している。だから~Yの事例でXの値がどうなるかは関知しない。

◆必要条件の検証

必要条件の調査結果をまとめるさいにもクロス表をよく使う。クロス表で必要条件を検証するにはどうすればよいか。

表3.4　必要条件の検証

		贅沢品Y	
		0	1
高価格X	1	セルA 無関係	セルB 事例有り
	0	無関係 セルC	事例無し セルD

　必要条件の検証のためにはまず贅沢品でない事例は無関係である。必要条件の確証に必要なことは，高価格品でないのに贅沢品である事例という反証事例がないこと，つまり高価格品でないにもかかわらず，贅沢品であるような事例がないことである。これが確認できれば，高価格品は贅沢品の必要条件になっている。

　必要条件の特質は，図3.3のベン図に示されている。四角形の内部に全事

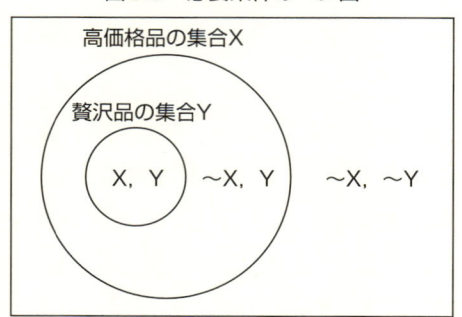

図3.3　必要条件のベン図

高価格品の集合X
贅沢品の集合Y
X, Y　　~X, Y　　~X, ~Y

例がある。十分条件の場合とは逆に高価格品Xの集合の方が贅沢品の集合より大きく，贅沢品は高価格品の部分集合になっている。Yの外部にあるがXの内部にある事例は贅沢品ではないが高価格品であることを示している。このことは高価格が贅沢品の必要条件ではあるが，十分条件ではないことを示している。

　以上のことは，原因条件と「結果」との集合関係から必要条件を検証するには，単独事例だけでは困難であり，比較事例というリサーチ・デザインが必要なことを示している。単独事例で発見した条件の必要性を確認するために，調査研究者はその「結果」が出ている事例だけを対象にして，その原因条件が存在しない事例がないことを確認しなければならない。

　多くの経営事例研究では成功事例を取り上げ，その条件を探すことが多い。この種の事例選択の仕方は，成功の必要条件を探そうとするリサーチ・デザインである。しかし，必要条件はそれを充足すれば，かならず結果を出せるとはかぎらない。十分条件も合わせて明らかにするには，成功事例だけでなく，不成功事例も含むリサーチ・デザインが不可欠である。

▶必要条件の探索手順

◆探索の範囲

　複数の条件がある場合に，必要条件をどのように探していけばよいのか。結果が存在するときには，かならず必要条件が存在している。だから必要条件を検証していくさいには，結果が存在している事例のみを調べればよい。表3.2より贅沢品であるものだけを取り出すと表3.5のようになる。

　まず，素条件とその補集合を個別的に検討していく。素条件を見ると，高価格は製品9で，希少性は製品3で，そしてシンボル性は製品2で存在しない。だから個別の素条件の中には必要条件はない。次に補集合を見ても同じである。補集合の個別条件の中にも必要条件は存在しない。

表3.5 贅沢品の必要条件の探索

商品	素条件 高価格 P	素条件 希少性 R	素条件 シンボル性 S	補集合 ~P	補集合 ~R	補集合 ~S	結果 贅沢品 L
1	1	1	1	0	0	0	1
2	1	1	0	0	0	1	1
3	1	0	1	0	1	0	1
5	1	1	1	0	0	0	1
9	0	1	1	1	0	0	1

　次に、個別条件の組み合わせが必要条件になっていないかどうかを検討する。組み合わせには論理和（あるいは）と論理積（かつ）の2種がある。十分条件の検討にさいしては、論理積を検討した。しかし、必要条件の探索にさいして、この論理積によってできる条件の組み合わせの検討は効率的ではない。なぜか。

　その理由は、論理積の演算がルール2.1で示したように、条件間の最小値の採択だからである。これにより、その複合条件の値がゼロとなる事例がより多く出てくる。しかし、必要条件であるためには、クレプス集合の場合、その値は「結果」の値（＝1）に等しくなければならない。論理積によって複合条件を作っても、それが必要条件である可能性はほとんどない。

　論理積による複合条件の検討は、複数の個別条件が必要条件になるときだけである。個別の非必要条件が必要複合条件を形成することはない。上例では個別の必要条件がないから、論理積の検討の必要はない。このような事態は経営の領域ではしばしば生じる。企業経営を例にとっても、成功に至る道はただひとつではない。だから成功事例のすべてに共通する条件を発見することは難しい。

◆発見の方法

　必要条件を発見するためのより効率的な方法は、条件の論理積よりむしろ

2. クリスプ集合での十分条件と必要条件　83

論理和を検討することである。諸条件の論理和はルール2.1で示したように，構成条件のうちの最大値をとることによって作られ，その値がこの複合条件の成員スコアになる。論理和は「あるいは」で結合され，その集合に含まれる事例はより多くなるから，その集合が「結果」集合の事例数よりも多くなり，「結果」集合の上位集合になる，つまり必要条件になる可能性が高くなる。

たとえば，表3.5の例で見ると，表3.6に示すように，贅沢品が1になる事例では，P＋R，P＋S，R＋Sが必要条件になる。高価格，希少性，シンボル性は個別条件としては必要条件ではないけれども，それらのうちのいずれかふたつを備えると，贅沢品の必要条件になる。

このように，いずれの個別条件も必要条件でなくても，それらの和集合による組み合わせ，つまり複合条件が必要条件になることがある。

表3.6　2条件の論理和による複合条件

商品	2条件の組み合わせ（論理和）											
	P+R	P+S	R+S	P+~R	P+~S	R+~P	R+~S	S+~P	S+~R	~P~R	~P~S	~R~S
1	1	1	1	1	1	1	1	1	1	0	0	0
2	1	1	1	1	1	1	1	0	0	0	0	1
3	1	1	1	1	1	0	0	1	1	1	1	1
5	1	1	1	1	1	1	1	1	1	0	0	0
9	1	1	1	0	0	1	1	1	1	1	1	0

最後に必要条件探索のポイントをまとめておこう。

必要条件の探索の仕方　　　　　　　　　　　　　　　ポイント3.5

➤「結果」が出ている（＝1）の事例のみに注目する。
➤まず，個別条件（素条件とその否定）から検討する。
➤個別条件の中に必要条件になるものが複数あれば，その論理積も検討する。
➤もっとも重要なのは，個別条件の和集合が必要条件になるかどうかである。

---

3. ファジイ集合での十分条件と必要条件

▶十分条件

　事例で問題になる概念の境界が不確定でファジイ集合になる場合，十分条件はどのようになるだろうか。クリスプ集合で使った十分条件の基本論理をここでも使うことができる。

　クリスプ集合の十分条件を2×2のクロス表（表3.1）で表すと，X＝1でかつY＝0となる事例が存在しないことであった。ファジイ集合の場合にこの2×2クロス表に概念的に対応するのは，図3.4のようなXYプロットである。

　この図でクリスプ集合での諸概念を表せば，0と1の値しかとらない2値変数である。だから事例はXYプロットの4隅のいずれかに分布する。Xが結果Yの十分条件であれば，X＝1でかつY＝0となる隅には，事例は存在しないはずである。

　ファジイ集合については，XとYの値は0と1の間の値をとる。この場合

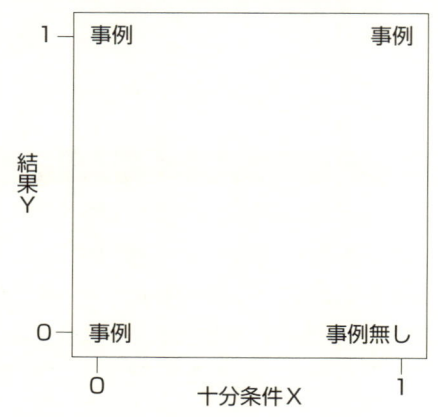

図3.4　クリスプ集合の十分条件の事例分布　XYプロット

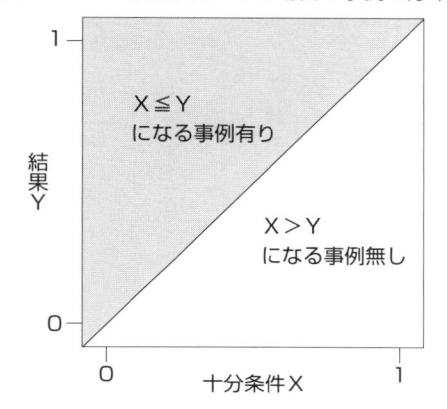

図3.5　Xが十分条件になる場合の事例の分布

（図：縦軸「結果Y」0〜1、横軸「十分条件X」0〜1。主対角線より上の領域「X≦Yになる事例有り」、下の領域「X＞Yになる事例無し」）

に，XがYの十分条件であれば，XYプロットのどの領域で事例が存在しないだろうか。言い換えると，どの領域で事例が存在しなければ，XはYの部分集合になるだろうか。クリスプ集合の場合には，Xについての成員スコアがYについての成員スコアに等しいか，より小さくなるとき，XはYの部分集合になった。ファジイ集合でも同じことである。十分条件であるためには，Xの成員スコアはYの成員スコアよりも小さくなければならない。

　主対角線上ではY＝X，それより上方ではY＞X，そしてそれより下方Y＜Xになる。だから十分条件を満たすには，図3.5に示すように，すべての事例が主対角線より上方に位置すればよい。XがYの十分条件であれば，主対角線より下にはいかなる事例も存在しないはずである。ファジイ集合では，すべての事例が主対角線より上方に位置すれば，XはYの部分集合になっているのである。

　表3.2の贅沢品データが，表3.7の素条件と結果の列が示すような，ファジイ集合のかたちでとられたとしよう。この表では，表3.2の値が1であれば0.5から1の間の数値を，0であれば0から0.5未満の数値を割り付けてある。

　素条件が複数ある場合，十分条件の探索手順はクリスプ集合の場合と同じ

表3.7 ファジイ集合の場合の十分条件の検討

商品	素条件			十分条件になった複合条件			結果
	高価格 P	希少性 R	シンボル性 S	PR	PS	RS	贅沢品 L
1	1	0.9	0.9	0.9	0.9	0.9	1
2	0.9	0.8	0.2	0.8	0.2	0.2	0.9
3	0.8	0.2	0.8	0.2	0.8	0.2	0.8
4	0.6	0.3	0.3	0.3	0.3	0.3	0.4
5	0.7	0.7	0.8	0.7	0.7	0.7	0.7
6	0.3	0.6	0.4	0.3	0.3	0.4	0.4
7	0.2	0.3	0.6	0.2	0.2	0.3	0.3
8	0	0.2	0.3	0	0	0.2	0.1
9	0.4	1	0.8	0.4	0.4	0.8	0.9
10	0.1	0.6	0.3	0.1	0.1	0.3	0.3

である。まず素条件とその否定の各個別条件について検討した後，これらの組み合わせによってできる多様な複合条件の各々について十分性を分析しなければならない。この分析をfsQCAで実施すると，十分条件を示す解式は

$$P*R + P*S + R*S \rightarrow L$$

になる。

　クリスプ集合と同じように，3つの素条件のうち任意の2条件があれば，贅沢品になる。表3.7に見るように，各複合条件の成員スコアは10種の製品事例のいずれにおいても，「結果」の成員スコアを下回っている。つまり，特定条件が十分条件であれば，その成員スコアはすべての事例にわたって「結果」の成員スコアを下回ることになる。これらをXYプロット図で示せば，各事例は主対角線より上の領域に散布するであろう。この仮設例の場合にはクリスプ集合とファジイ集合の結果が同じになったが，データによっては解式が異なることもある。

▶必要条件

ファジィ集合の場合でも，必要条件を検証するための論理は十分条件の場合と似ている。XYプロットによって，必要条件を示すと図3.6のようになる。条件Xが必要条件であれば，あらゆる事例は主対角線より下の領域に分布し，それより上の領域には分布しない。この場合にXはYの上位集合になっているのである。

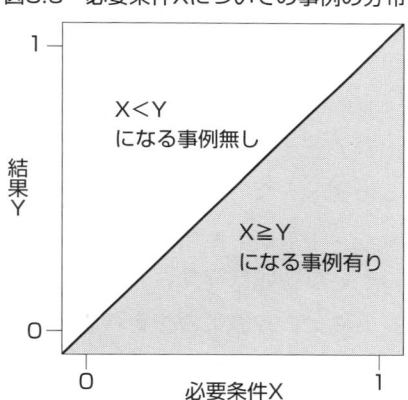

図3.6 必要条件Xについての事例の分布

（縦軸：結果Y，横軸：必要条件X。主対角線より上の領域は「X<Yになる事例無し」，下の領域は「X≧Yになる事例有り」）

4. 因果複雑性

▶統計分析で対応困難な問題

種々の原因条件が「結果」とどのように関連するのか。実証経営学の大部分の問題はこの因果関係に関連している。このさい，多くの研究が頼ってきた技法は統計分析であり，その中心は相関や回帰の分析であった。しかし，標準的な統計分析によっては，しばしば重要な経営問題における因果関係を明らかにすることができない。

まずデータ問題がある。統計分析の基本は大量のデータ観察にもとづいている。そのデータでの平均と分散が分析の基礎になっている。少なくとも50程度の標本がなければ，相関や回帰分析で信頼できる結果は得られない。さらに統計分析では数量データが基本になる。もっとも定性データを扱う統計手法も近年急速に発展しているが，その有効性はかぎられる。

　現実の経営は生き物である。頻繁で急速な技術革新や市場の変化によって，比較的短期間の間にその様相を変える。短期間で様相を変える対象，つまり動く標的を研究対象としてその因果問題を解かねばならない。これは経営学の宿命である。データ問題として捉えると，革新企業や消費者の新しい動きなど，先端事例のデータ数は少数で，本来的に統計分析には不十分であることが多い。しかも，そのデータの多くは企業機密や調査困難性のために，数字のかたちで得られる場合は少ない。多くはヒアリング，新聞・雑誌アーカイブあるいは観察にもとづく定性データである。

　しかし，もっとやっかいな問題は経営における因果関係の性格にある。結果とそれを生み出した条件という因果の枠組みで捉えようとすると，研究者は因果複雑性の問題に直面することが多い。経営の「結果」は少数の個別条件で生み出されることはまれである。多くの原因条件が存在し，それらの間の複雑な関連を通じて「結果」が生じる。これが因果複雑性を生み出す。

　一方，統計的な因果分析のほとんどは，線形加法モデルにもとづいている。それは結果Yと複数の条件X_i ($i=1, 2, ..., n$) の間に次式のようなモデルを想定する。＋の記号はここでは加算記号である。$a, b \sim b_n$は推定されるパラメータで，回帰係数である。

$$Y = a + b_1 X_1 + b_2 X_2 + \cdots b_n X_n$$

　このモデルでは，各個別条件が他の条件とは独立に結果に影響する。bは原因条件が結果Yに与える効果を表す回帰係数である。数量データの標本数

が十分にあるときには，回帰分析などのモデルにもとづく統計手法は極めて強力である。

しかし，先端的に発生している経営問題では十分な数の数量データを利用できることはまれである。たとえ幸いにして，十分な標本数の数量データが得られた場合でも，この種のモデルを使うと，先端的な事例データでは上手くいかないことが多い。原因条件間の高い相関関係によって，信頼できるパラメータが推定できなかったり，モデル全体としても説明力が弱くなる傾向がある。

原因条件が少数の時には，条件間の相互作用を多重クロス表などを利用して処理できる手法が存在するが，たとえば3つ程度の条件間の相互作用を検討する場合でも，標本数が大量になければお手上げになる。条件が2値変数でも3重クロス表によってできるマス目の数は8になる。各マス目に十分な数の観察数を確保するには，多数の標本が必要である。そうでなければ安定したパラメータを推定できない。

QCAは統計分析が直面するこのような因果問題を処理できる方法である。それは少数事例の質的データしか利用できず，また条件間に複雑な関連がある場合でも，どのような条件で結果が生み出されるのかを解明する。この意味で，動く標的の因果問題を捉えようとする経営学の事例分析に適した方法である。

▶QCAが扱う因果複雑性

QCAは因果複雑性を取り扱っている。それらを生み出しているのは，等結果性（equifinality），結合因果性（conjunctual causation），そして因果非対称性である。これらの複合により生まれる多元結合因果によって因果複雑性が生まれる。

◆等結果性

等結果性とは，同じ「結果」が異なる原因条件によって生み出されるということである。例として上述した贅沢品の次のような論理式を取り上げてみよう。

$$P * R + P * S + R * S \rightarrow L$$

この論理式によれば，P＊R，P＊S，R＊Sのいずれかであれば贅沢品になる。ここで＋と＊はそれぞれ，「あるいは」と「かつ」を意味する論理演算記号である。論理式は贅沢品になる3種の途を示している。贅沢品は3種の異なる複合条件によって等しく生み出されている。つまり等結果性がある。

必要条件，十分条件の観点から見ると，等結果性とは十分条件が存在するが，それは必要条件にはなっていないということである。上例ではP（高価格）でかつ稀少性（R）を持つ製品はかならず贅沢品になる。この意味でP＊Rは贅沢品の十分条件である。しかしすべての贅沢品がこの条件を共有しているかというと，そうではない。したがって，高価格で希少性を持つことは贅沢品の必要条件ではないのである。

経営の世界では，ある結果を出す方法はただひとつしかないということはまれである。同じ結果を出すのに複数の異なる方法がある。たとえば，百貨店，スーパー，専門店，コンビニなど異なる業態（条件）の企業が，ともにある水準以上の経営成果（結果）を出している。QCAはこのような経営世界でしばしば出会う多元的な因果関係を捉えることができる。

◆結合因果性

結合因果性とは，ある個別条件は単独では「結果」を出せないが，他の個別条件との組み合わせると「結果」を生み出すことができるということである。上例では高価格（P），希少性（R），シンボル性（S）のいずれの条件も，単独では贅沢品にならない。しかしそれらをふたつ組み合わせると贅沢品に

なる。

　十分条件，必要条件の観点からいえば，必要条件が存在するが，それは十分条件になっていないということである。たとえば，高価格と希少性によって贅沢品になっている製品についていえば，PやRはその種の製品は共通して持っているので必要条件である。しかしこれらの個別条件は単独では贅沢品を生み出さない。贅沢品になるためには，この2条件の組み合わせによる連結がなければならない。

◆因果非対称性

　因果非対称性とは，集合の存在とその否定は質的に異なるふたつの現象であるということである。まず，「結果」を生み出す原因条件の因果力は，その条件が存在するかしないかのふたつの状態のうちのひとつだけに依存する。また，「結果」もたとえば贅沢品であるかそうではないかのふたつの質的に異なる状態のうちのひとつを指している。

　たとえば贅沢品（L）とその否定である非贅沢品（〜L）は同じものではない。贅沢品の論理式の構造を明確にするため括弧を追加して示すと，

$$(P*R)+(P*S)+(R*S)\to L$$

である。これにド・モルガン法則を適用して非贅沢品の論理式を導出すれば，

$$(\sim P+\sim R)*(\sim P+\sim S)*(\sim R+\sim S)\to \sim L$$

である。分配則や同一則を使って左辺を整理すると，

$$\sim P*\sim R+\sim P*\sim S+\sim R*\sim S+\sim P\sim R\sim S\to \sim L$$

になる。さらに〜P〜R，〜P〜S，〜R〜Sはすべて〜P〜R〜Sの部分集合であり，論理和（OR）で結ばれているから，吸収則（ルール2.9）によってそれらを除去すると，

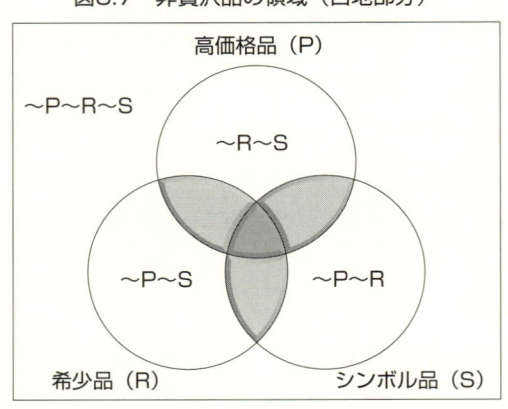

図3.7 非贅沢品の領域（白地部分）

高価格品（P）
～P～R～S
～R～S
～P～S ～P～R
希少品（R） シンボル品（S）

～P～R～S→～L

になる。非贅沢品の解式は贅沢品のそれと同じものではない。ベン図で書くと図3.7のようになる。図中央のふたつ以上の円が重なり色が濃くなっている部分（贅沢品の領域）を除く、残りの部分が非贅沢品の領域である。

▶ INUS条件とSUIN条件

　等結果性、結合因果、非対称性は、十分条件と必要条件の複雑な組み合わせによって生じている。さらにこの因果複雑性の世界では、とくに注目すべき特殊な条件が生まれることがある。INUS条件やSUIN条件である。[2] これらは個別条件の中で、十分条件でも必要条件でもないけれども、「結果」を生み出すのに重要な役割を果たしている原因条件を明らかにしてくれる。
　次の贅沢品の解式にはINUS条件が多くある。

P＊R＋P＊S＋R＊S→L

　たとえば高価格（P）である。Pは希少性（R）との組み合わせで贅沢品の

---

[2] Schneider, C.Q. and C. Wagemann, *Set-Theoretic Methods for the Social Sciences: A Guide to Qualitative Comparative Analysis*, Cambridge University Press, 2012.

十分条件になる。高価格はそれ自体は不十分であるけれども，希少性との組み合わせを作るのに必要である。一方，複合条件P＊Rは十分条件であるけれども，贅沢品を生み出す他の途もある。だからこの複合条件は「結果」を生み出す必要条件にはなっていない。

　個別条件としての高価格は，それだけでは不十分条件であるけれども，結果を生み出すのに不必要ではあるが十分条件になっている結合条件P＊Rの必要な部分である。つまり，高価格は結果のINUS条件である。希少性（R）やシンボル性（S）も同様にINUS条件になっていることは容易に確かめることができよう。

INUS条件とSUIN条件とは　　　　　　　　　　　　　　　ルール3.1

> **INUS**（an **i**nsufficient but **n**ecessary part of a condition which is itself **u**nnecessary but **s**ufficient for results）
> 結果を生み出すのに十分であるが不必要な複合条件の中で，不十分であるが必要となっている部分条件。
>
> **SUIN**（a **s**ufficient, but **u**nnecessary part of a factor that is **i**nsufficient, but **n**ecessary for the result）
> 結果を生み出すのに不十分であるが必要な複合条件の中で，十分であるが不必要になっている部分条件。

　INUS条件は，等結果性と結合因果性が支配する因果複雑性の世界では常に発生する。INUS条件の定義における，「結果を生み出すのに，それ自体は不必要であるがしかし十分条件になっている複合条件」は，等結果性の産物である。一方で，定義の「不十分であるが必要な部分」は結合因果性の産物である。INUS条件は等結果性と結合因果性の結びつきによって作り出されている。

SUIN条件は必要条件の分析に多く関連している。たとえば，贅沢品の必要条件の次のような解式でのP，R，SはそれぞれSUIN条件である。

$$(P + R) * (P + S) * (S + R) \leftarrow L$$

3つの論理和P + R，P + S，S + Rが必要条件になっている。これらの論理和のひとつだけでは，贅沢品Lのすべてを作り出すことはできないが，結果に必要な条件である。つまり「結果を生み出すのに，不十分であるがしかし必要である複合条件」になっている。この必要複合条件を構成する個別条件P，R，Sは相互に代替できる部分である。P，R，Sは各複合条件にとって必要ではないが，それぞれの複合条件を作り出すのに十分である。つまり，「複合条件のうちの，十分であるが不必要な部分」になっている。

経営の世界で研究者や実務家が関心を持つ結果は，多様な原因条件の産物であることが多い。企業の持続成長といった基本成果だけでなく，製品力，営業力，組織の機動性，新製品開発力，ブランドの優位性などの「結果」は，多様な原因条件の産物である。また，ブランド忠誠，楽天など特定ネット通販サイトへの忠誠などの消費者行動や，観光地の吸引力などの「結果」でも多くの原因条件が働いている。

従来このような成果を説明するため，統計的な線形加法モデルが使われてきた。しかし，当然に作用しているはずの要因が統計的には有意でなかったり，あるいはモデル自体の説明力が弱いといった分析結果は日常茶飯事である。さらに，原因条件が相互作用して，各原因条件の影響を示すパラメータが推定できないことも多い。

これらの調査・研究結果の大半は因果複雑性の産物である。そこでは個別条件そのものが「結果」の十分条件や必要条件になることはない。しかし，そのような原因条件が「結果」を生み出す上で何らの役割も果たしていないというわけではない。線形加法モデルにもとづく統計分析によってはその役

割を捕捉できないということである。このような事態でも，QCAは因果複雑性を読み解き，そこで個別的な原因条件がINUS条件やSUIN条件として働いていることを明らかにするのである。経営はしばしば総合力といわれるが，この総合力の構造とそこでの個別条件の働きがQCAを使えば明らかになる。

第**4**章

因果関係をデータから
どう推論するか

第4章 因果関係をデータからどう推論するか

　因果関係の捉え方がわかったとしても，データとして選択した事例から因果関係をどのように推論するのだろうか。
　データ行列を集合論的に分析するために，前章で述べたボトムアップ・アプローチを使うことができよう。このアプローチはまず素条件（単独条件）の構成パターンに従って事例を整理し，それにもとづいてまず補集合を作り，次にこれらの集合関係からできる多様な複合条件を作る。十分条件，必要条件，因果複雑性の観点から，素条件，補集合，それらの複合条件を個別的に検討していった。原因条件の数が少し多くなると，検討すべき条件の数が急速に増加するので作業は繁雑になる。
　必要条件の検討については，このボトムアップ・アプローチに頼らざるをえないけれども，十分条件の検討については，この種の作業量はfsQCAの利用で大幅に削減できる。この方法では，データ行列をトップダウン式に分析して十分条件を探っていくのである。データ行列を入力すれば，fsQCAは原因条件の構成パターンによって事例を整理して十分条件を探っていくことができる。
　このプロセスで中心的な役割を担うのは，真理表，その論理簡単化，そしてそれから導出される真理表の解式である。真理表はQCAが事例データを分析対象として整理するデータ形式である。論理簡単化はこのデータ形式から十分条件を導出する分析手法である。真理表の解式は，「結果」を生み出す十分条件の論理式であり，fsQCAの最終的な出力である。本章ではこれらの基本概念を概説しよう。その学習目標は，次の点を理解することにある。
- 真理表をどのように作成するのか。
- 論理簡単化とはどのような分析手法か。
- 真理表分析の結果としてfsQCAが出力する3種の解式とその意味は何か。

1. データ行列から真理表へ

▶完備真理表作成の全体プロセス

　「結果」を生み出す十分条件の論理式を解として導出するために，fsQCAが分析対象にするのは，表4.1に示すような完備真理表である。列は素条件（単独原因条件）と「結果」に対応し，行は素条件の構成（組み合わせ）パターンに対応している。全体としての完備真理表は，原因条件のどのような構成パターンが贅沢品を生み出すかを示している。

　この完備真理表は表4.2に示すデータ行列からfsQCAと分析者の判断の結合により作成されたものである。このデータ行列は，贅沢品を作り出す原因条件に関心を持つ前章（表3.2）の研究者が，さらに再調査した結果である。その内容は，原因条件として卓越品質を追加し，さらに2製品の事例を追加したことにある。理論概念はこの例ではクリスプ集合として概念化されている。

　データ行列から完備真理表をどのようにして作成するのか。そのステップの全体像をとりあえず示しておくと，ポイント4.1のようになる。

表4.1　完備真理表の例

行コード	素条件 高価格 P	希少性 R	シンボル性 S	卓越品質 Q	結果 贅沢品 L
1	0	1	1	0	1
2	0	1	0	0	0
3	1	1	1	1	1
4	1	1	1	0	1
5	1	1	0	1	1
6	1	0	1	1	1
7	1	0	0	0	0
8	0	0	1	0	0
9	0	0	0	1	0

完備真理表の作成ステップ　　　　　　　　　　　　　　　ポイント4.1

不完備真理表作成：fsQCAの真理表アルゴリズムによるコンピュータ作業
1. 入力されたデータ行列から，k個の素条件（単独原因条件）が存在するかしないかについて，論理的に可能なあらゆる構成を作る。構成パターンの数は各条件が2値変数であるから2^kである。
2. データ行列の各事例を，素条件の数値にもとづき，対応する真理表の行に配分する。各事例は真理表のいずれかひとつの行にのみ対応している。真理表の各行はひとつ以上の事例を含んでいる。「結果」欄は空白である。

完備真理表作成：分析者判断の追加
3. 真理表の「結果」の列に，「結果」の数値（1あるいは0）を入れる。どちらの数値を入れるかは分析者の判断による。そのさい，真理表の各行の事例数，整合性など，fsQCAが出力する指標を使って「矛盾する条件構成」行の「結果」を判断する（第5章で詳論する）。
4. 論理残余行を削除する。

表4.2　データ行列

製品	高価格 P	希少性 R	シンボル性 S	卓越品質 Q	贅沢品 L
1	1	1	1	1	1
2	1	1	0	1	1
3	1	0	1	1	1
4	1	0	0	0	0
5	1	1	1	0	1
6	0	1	0	0	0
7	0	0	1	0	0
8	0	0	0	1	0
9	0	1	1	0	1
10	0	1	0	0	0
11	0	1	1	0	0
12	0	1	1	0	0

1. データ行列から真理表へ 101

　ソフトfsQCAを使うと、ステップ1と2はコンピュータがやってくれる。ステップ3は分析者が判断して行わねばならない。fsQCAは対話型のソフトである。その操作手順は次のようになる。

---

fsQCAでの完備真理表作成　　　　　　　　　　　　　　手順4.1

1. データをエクセルで作成し、それをcsv（カンマ区切り）ファイル（*.csv）として別名保存する。
2. fsQCAを立ち上げて、〈File〉→〈Open〉→〈Data〉で保存したデータファイルを読み込む。
3. 〈Analyse〉→〈Crisp Truth Table Algorithm〉で、Select Variables（変数選択）画面を出す。〈Set〉をクリックして「結果」変数をOutcome（結果）の所に設定し、〈Add〉クリックして原因条件変数を次々にCausal Condition（原因条件）の所に設定する。その上で〈Run〉クリックすると、Edit Truth Table（真理表編集）画面が出てくる。
4. この画面で、「結果」データが欠測している、つまりnumberの列でデータが欠測している行を〈Delete current row to last row〉（現行から最終行まで削除）などを使って削除する。データ行列の値や「矛盾する行」の場合には、分析者の判断でOutcomeの列に1か0かの数値を入れる。

　このように完備真理表は、fsQCAと分析者判断の結合により作成される。なぜこのような結合が必要になるのだろうか。この観点から完備真理表作成のプロセスを振り返ってみよう。

▶出発点としてのデータ行列

　表4.2のようなデータ行列は、いくつかの贅沢品事例を因果推論の問題意識を持って調べた結果である。データ行列の各行は12種の製品事例に対応している。素条件（単独条件）の下の列は各原因条件を示す。クリスプ集合

の場合，その条件が存在すれば1，存在しなければ0がつけられている。「結果」の列は贅沢品であれば1，そうでなければ0である。データ行列の各行は各事例に対応している。各列は検討されている原因条件と「結果」に対応している。マス目には調査によって得られた情報が入る。クリスプ集合の場合には，原因条件や「結果」が存在すれば1，存在しなければ0の数値が入る。ファジイ集合の場合には，0と1の間の数字が入るだろう。

　データ行列は事例調査によって得られた全情報を示している。実際に多くの調査研究では，このデータ行列を作成するために大半の作業時間がついやされることになる。統計資料が利用できる場合にはこの作業時間はそれほどかからないが，その種のデータがないときその作業時間は長くなる。選択事例をどのような理論概念で分析できるか，それらの理論概念はクレスプ集合かファジイ集合か，各事例を概念にどのように配属すべきか，これらを決定するには多くの事例資料を読み込むことがしばしば必要になろう。これらの調査の産物として，QCAの出発点としてのデータ行列がえられる。

▶分析者の判断介入がなぜ必要になるのか

　完備真理表の作成プロセスで，なぜ分析者の判断介入が必要になるのだろうか。それはfsQCAが使用する真理表分析の計算プログラム，つまり真理表アルゴリズムだけでは，真理表の「結果」について判断できないからである。このアルゴリズムはデータ行列の情報にもとづき，原因条件の論理的に可能なあらゆる組み合わせを作って，真理表を作成している。真理表の各行は原因条件の構成（組み合わせ）パターンに対応している。そしてデータ行列の各事例も真理表のいずれかの行に対応しているはずである。

　たとえば，表4.2のデータ行列に真理表アルゴリズムを適用すると，表4.3のような形式で出力される。各行は4つの素条件について論理的に考えられるあらゆる構成パターンに対応している。素条件の列はそのパターンの

表4.3 真理表アルゴリズムの出力（不完備真理表）

行コード	素条件				事例数	結果	素整合性
	高価格 P	希少性 R	シンボル性 S	卓越品質 Q	number	贅沢品 L	raw consist.
1	0	1	1	0	3		0.667
2	0	1	0	0	2		0
3	1	1	1	1	1		1
4	1	1	1	0	1		1
5	1	1	0	1	1		1
6	1	0	1	1	1		1
7	1	0	0	0	1		0
8	0	0	1	0	1		0
9	0	0	0	1	1		0
10	1	1	0	0	0		
11	1	0	1	0	0		
12	1	0	0	1	0		
13	0	1	1	1	0		
14	0	1	0	1	0		
15	0	0	1	1	0		
16	0	0	0	0	0		

内容を示している。事例数は各パターンに帰属する事例数である。これらの事例の中で「結果」が1を示す事例の比率が素整合性の列に示されている。たとえば、行1の素整合性0.667は、この行に帰属する3つの事例のうちで2事例が贅沢品であることを示している。

この出力の特徴は、結果の列が空欄になっていることである。だからこの出力から完備真理表を作ることはできない。真理表アルゴリズムの出力が、真理表という点から見ると不完備になる理由は3つある。「矛盾する条件構成」、論理残余、そして事例数である。

◆「矛盾する条件構成」

まず、「矛盾する条件構成」の問題がある。たとえば、行1がその例であ

る。この行に対応する製品事例は3つあったが、その内にふたつは贅沢品であるが、ひとつは贅沢品ではない。同じ原因条件であるのに、「結果」が事例間で異なっているのである。この問題は実際の分析ではしばしば発生する。このさい、「結果」をどう判断するかは、分析者が判断しなければならない。この問題については、第5章でさらに詳しく検討しよう。

◆論理残余

次に、論理残余をどう処理するかという問題がある。表4.3の各行は、4つの素条件の論理的に考えられるあらゆる構成に対応している。各素条件は1（＝存在する）か0（＝存在しない）のふたつの状態を持っている。この場合に論理的に考えられる素条件の異なる構成パターンの数は$2^4 = 16$である。しかし、事例データが存在するのは、行1～9までの構成のみであって、行10～16については事例が存在しない。だからそれらが贅沢品かどうかはわからない。

論理残余とは、このような事例が存在しない行のことである。論理残余が発生する現象は「限られた多様性」と呼ばれている。この現象は原因条件について論理的に可能な構成パターンに観察事例が完全に対応しないときかならず発生する。しかし、多くの経営問題では、たとえ観察事例数を多くしても、論理残余はほとんど常に発生する。論理残余を分析にさいしてどう扱うかは、第6章でさらに詳しく検討しよう。

◆事例数

素条件の構成パターンによってはそれに帰属する観察事例数が極めて少ないことがある。表4.3の行3～9では事例数は1にすぎない。分析する問題によっては、事例数が余りに少ないときにはそれを完備真理表に含めてさらに分析する価値がないと、分析者が判断するかもしれない。

このような理由から、真理表アルゴリズムは「結果」を空欄にして出力している。その出力から完備真理表を作るには、分析者の判断によって対象の

真理表行を選択し，それらの「結果」数値を埋めなければならない。この意味でfsQCAは対話型のソフトである。表4.1の完備真理表は，このような判断を追加して作成したものである。分析者の判断は，データが因果推論をどう支持しているかの問題でもある。この問題の詳細な議論は後の章に任せて，本章では完備真理表を分析してその解を導出する手法をまず概説しよう。

その前に，ファジイ集合の場合の真理表作成手続きを見ておくことが必要である。クレスプ集合と異なり，ファジイ集合では0と1の間の数値によって概念への事例の成員資格が表されている。この種のデータからどのように真理表を作成していくのか。

2. ファジイ集合の真理表作成

▶属性空間のコンセプト

データがファジイ集合の場合には，真理表の作成はどのようになるのだろうか。この場合でも，真理表作成のステップはクリスプ集合の場合と基本的には異ならない。この点は属性空間という考え方によって容易に理解することができる。

まず，ファジイ集合の場合も，真理表の行数は，k個の素条件があれば，公式2^kによって与えられる。そのわけは，ファジイ集合の場合でも，質的区切り点0.5によってその上下間で質的差異を設定しているからである。0.5を超えるとその集合内であることがより強くなり，0.5を下回るとその集合外であることがより強くなる

事例を真理表の各行にどのように割り付けるのだろうか。クリスプ集合の場合には，真理表の特定行の条件構成と，それに帰属する事例の条件構成が完全に一致している。しかし，ファジイ集合では，各原因条件への成員スコ

アは0と1の間の数値である。たとえば，そのデータ行列は表4.4のようなものである。素条件が3つであれば，真理表の行数は8であり，そこでの各行での原因条件の構成は表4.5のようになっている。たとえば製品3は，真理表（表4.5）のどの行に帰属するのだろうか。

表4.4 データ行列

製品	高価格 P	希少性 R	シンボル性 S	結果 L
1	1	0.9	0.9	1
2	0.9	0.8	0.2	0.9
3	0.8	0.2	0.8	0.8
4	0.6	0.3	0.3	0.4
5	0.7	0.7	0.8	0.7
6	0.3	0.6	0.4	0.4
7	0.2	0.3	0.6	0.3
8	0	0.2	0.3	0.1
9	0.4	1	0.8	0.9
10	0.1	0.6	0.3	0.3

表4.5 真理表での素条件の論理的な構成

行	高価格 P	希少性 R	シンボル性 S
1	1	1	1
2	1	1	0
3	1	0	1
4	1	0	0
5	0	1	1
6	0	1	0
7	0	0	1
8	0	0	0

　QCAでは，この問題を属性空間のコンセプト[1]によって処理する。この考え方によると，表4.4に示されるようなファジイ集合での3つの素条件は，それぞれ製品の属性であり，図4.1のような3次元属性空間を生じさせる。各製品はこの空間内のどこかに位置している。条件が4つ以上になると，属性空間を視覚的に表すことができないけれども，数学的には次元数がいくら多くなっても考えることはできる。次元数がnならば，属性空間はn次元ベクトルになる。ここでは理解を容易にするため，視覚的に見える3次元の属性空間の例で話を進めよう。
　この属性空間にてらして，表4.4のデータ行列を見ると，次のことがわか

---

[1] 属性空間のコンセプトはラザースフェルド（Lazarsfeld, P.F., A.K.Pasanella, and M.Rosenberg, eds., *Continuities in the Language of Social Research*, Free Press, 1972.）に由来する。

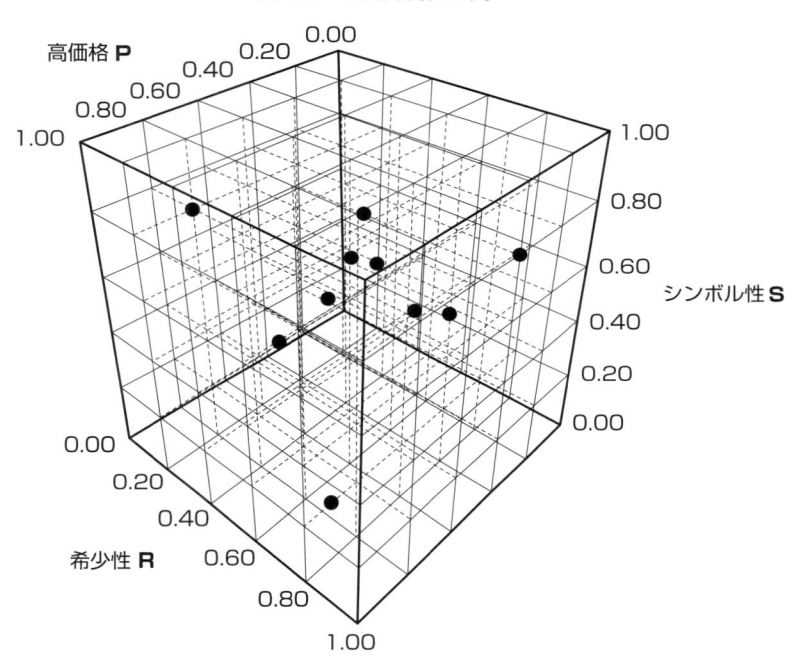

2. ファジィ集合の真理表作成　107

図4.1　3次元属性空間

る。まず，各製品はどのような値をとろうとも，図4.1の立方体の内部にある。データ行列での成員スコアも，また図4.1の立方体の各次元もともに，0から1の間にあるからである。各製品はその成員スコアにもとづいて，3次元空間（立方体）で特定の位置を占める。図4.1中の各粒●がこの位置を示している。

次に，立方体の8つの隅に注目すれば，これらは3つの条件に対応する各集合への完全成員（＝1）と完全非成員（＝0）の組み合わせである。8つの隅の位置は，0と1の組み合わせである。たとえば，一番手前の隅はP＝1，R＝1，S＝0である。残りの隅でも，その位置は1か0かの極値の組み合わせになっている。

最後に，原因条件が3つある場合，属性空間の隅の数は8である。表4.5に示す真理表の行数も8である。この一致は偶然ではない。ファジィ集合はその内にクリスプ集合を含む。ファジィ集合によって定義される属性空間の隅は，ファジィ集合がクリスプ集合に一致する場所を示している。属性空間の隅は，原因条件をもっとも純粋な形で表し，それらの論理積からなる理想型[2]である。理想型は特定の理論概念をもっとも純粋な形で表している類型である。たとえば，一番手前の隅は，高価格で稀少であるけれどもシンボル性は持たない製品を表している。

以上の属性空間コンセプトのポイントをまとめると，ポイント4.2のようになる。

属性空間のコンセプト　　　　　　　　　　　　　　　　　　　　　　ポイント4.2

> k 個の原因条件があると，2^k 個の隅を持つ属性空間ができる。
> 各隅は各原因条件の純粋な形（1か0）の組み合わせからなる理想型である。
> 各隅は真理表の行に対応し，原因条件の論理積である。

▶真理表行への事例帰属の方法

この属性空間コンセプトにもとづき，データ行列の各事例を真理表のどの行に帰属させるのかの方法を考えよう。もし事例の成員スコアのすべてが1か0かの極値をとらなければ，属性空間の隅に位置することはない。その場合には，各事例は各隅からある距離をとって，立方体内部のどこかに位置している。各事例は真理表のどの行に当てはまるのか。これを考えるにはまず，次の点に注目しよう。

- この事例は属性空間のどの隅にもっとも帰属しそうであるか。
- この事例はこの隅からどれほど離れているのか。

視覚的に見ると，表4.3の製品2は価格が高く稀少性を持つが，シンボル

---

2) 理想型の概念については，マックス・ウェーバー（祇園寺信彦・祇園寺則夫訳）『社会科学の方法』講談社学術文庫，1994年。またリサーチ・デザインでのその役割については，田村正紀『リサーチ・デザイン』白桃書房，2006年を参照。

性は低いので，隅（P＝1，R＝1，S＝0）に近い。この点は図4.1によっても視覚的に確かめることができよう。この種の直感的方法によらなくても，各事例を真理表行に正確に帰属させる方法がある。真理表行は原因条件の構成パターンに対応している。この方法では，まずルール4.1にもとづき，原因条件のすべての構成について事例の成員スコアを計算する。このルールは，すでに学習した次のふたつの事項にもとづくものである。

真理表の各行へのファジイ事例の成員スコア計算　　　　　ルール4.1

➤ 2^k 個の隅は，真理表の各行に対応し，同時に原因条件の 2^k 個の論理積のどれかひとつに対応している。

➤ 論理積に事例がどう帰属するか。つまりその成員スコアがどうなるかは，その論理積の構成個別条件（素条件とその補集合）のうちの最小成員スコアによって決まる。

このルールを使うと，原因条件のすべての構成について，事例の成員スコアを計算できる。例として表4.3の製品1〜5について計算してみると，表4.6のようになる。

表4.6の際だった特徴は，各事例はいずれの理想型についても，0と1の間の部分的な成員スコアを示すこと，しかし特定の理想型に対してのみ0.5を超え，他の理想型に対しては低い成員スコアを示すことである。これは論理積への帰属にさいして最小値ルールを適用した結果に他ならない。この結果は原因条件がいくつあっても同じように示される。

この結果で重要な点は，ファジイ集合の数がいくつあっても，その成員スコアが質的差異の識別点0.5を超えるのは，ただひとつの真理表行（論理積，理想類型）についてだけであることにある。真理表行への事例の帰属は，ファジイ集合が持つこの数学的特性を使う。つまり，

表4.6 ファジイ集合の論理積における成員スコアの計算

商品	素条件			補集合		
	高価格 P	希少性 R	シンボル性 S	~P	~R	~S
1	1	0.9	0.9	0	0.1	0.1
2	0.9	0.8	0.2	0.1	0.2	0.8
3	0.8	0.2	0.8	0.2	0.8	0.2
4	0.6	0.3	0.3	0.4	0.7	0.7
5	0.7	0.7	0.8	0.3	0.3	0.2

表4.6 （続き）

商品	論理的に可能な組み合わせ（論理積）=理想類型=真理表の行							
	PRS	PR~S	P~RS	P~R~S	~PRS	~PR~S	~P~RS	~P~R~S
1	**0.9**	0.1	0.1	0.1	0	0	0	0
2	0.2	**0.8**	0.2	0.2	0.1	0.1	0.1	0.1
3	0.2	0.2	**0.8**	0.2	0.2	0.2	0.2	0.2
4	0.3	0.3	0.3	**0.6**	0.3	0.3	0.3	0.4
5	0.7	0.2	0.3	0.3	0.3	0.2	0.3	0.2

真理表の特定行へのファジイ事例の帰属　　　　ルール4.2

成員スコアが0.5を超える真理表行へ、その事例を帰属させよ。

である。

しかし、このルールを適用できない場合もあることに注意しよう。それは成員スコアが0.5の値をとるときである。この時、真理表のいずれの行に関しても、成員スコアが0.5を超えることはない。試しに3つの条件のどれかひとつ、たとえばPで0.5となるような製品を設定して見るとよい。この場合、その補集合~Pも0.5になる。こうした製品があると、いずれの論理積についても、成員スコアが0.5を超えることはない。

ファジイ集合において、質的差異の区切り点0.5は曖昧さが最大になる点

である。原因条件があるかないかのどちらに事例を分類してよいか，まったくわからない状態である。この曖昧さによって，その事例を属性空間の隅（理想類型）のいずれかに帰属させることはできない。つまりその事例に関してはそれ以上分析できないのである。したがって，成員スコアの設定にさいして，0.5を設定することは分析上からさける必要がある。そのために分析者はその原因条件に関して事例の調査研究をさらに深めねばならない。

▶結果の値をどう設定するか

以上の方法によって，原因条件の成員スコアからみて，データ行列の各事例を真理表のいずれかの行に帰属させることができる。次に，真理表の各行の結果の値はどう設定すればよいのだろうか。

それは贅沢品であるのかそうではないのか。まず，真理表の各行は十分条

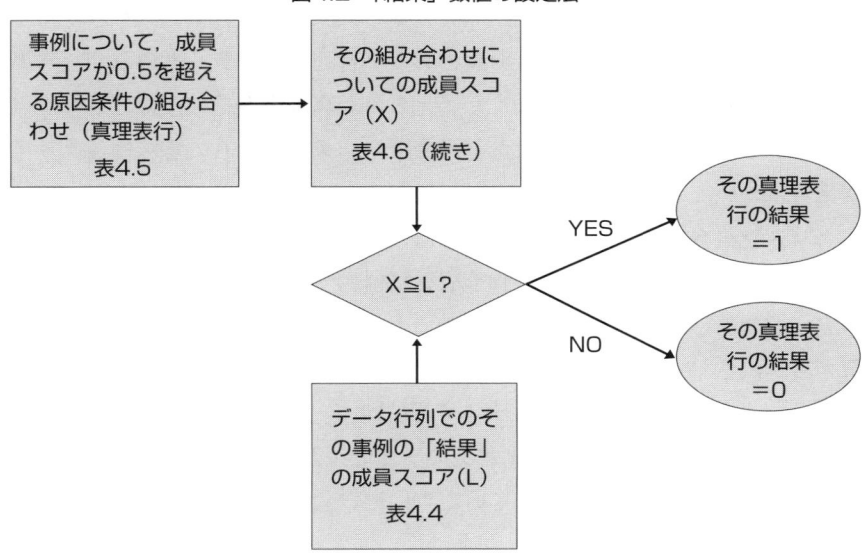

図4.2 「結果」数値の設定法

```
事例について，成員      →    その組み合わせに
スコアが0.5を超え            ついての成員スコ
る原因条件の組み合            ア（X）
わせ（真理表行）              表4.6（続き）
表4.5                              ↓
                                                    YES    その真理表
                                                    →     行の結果
                                          X≦L？             ＝1
                                             ↑
                                                    NO     その真理表
                                                    →     行の結果
                                                           ＝0
                              データ行列でのそ
                              の事例の「結果」
                              の成員スコア（L）
                              表4.4
```

表4.7 「結果」数値の設定例

商品	表4.6（続き）より 原因条件の組み合わせ＝真理表行	成員スコア	表4.4より データ行列での結果	真理表での結果
1	PRS	0.9	1	1
2	PR～S	0.8	0.9	1
3	P～RS	0.8	0.8	1
4	P～R～S	0.6	0.4	0
5	PRS	0.7	0.7	1

件について述べていること注目しよう。さらに，3.2の図3.5や表3.7で示したように，十分条件の成員スコアは「結果」値以下にならなければならないということも思いだそう。これらのことから，真理表の各行の結果を確定することは容易である。以上のステップを図示すれば図4.2のようになる。

製品1〜5について，計算例を示すと，表4.7のようになる。以上の手順によって，ファジイ集合型のデータ行列からクリスプ集合型の真理表が得られる。この真理表はファジイ集合型のデータ行列が含むデータのみから導出されている点が重要である。こうしてえられた真理表がその後の分析の焦点になる。しかし，この導出された真理表での結果の1や0の意味は，クリスプ集合についての真理表の1や0とは異なる点に注意しよう。

クリスプ集合では真理表の結果の1あるいは0はもしその行が「矛盾する条件の構成」でなければ，その真理表行に帰属するすべての事例が結果集合の完全成員あるいは不完全成員であることを意味した。しかし，ファジイ集合から導出された真理表では，条件構成は同じでも，事例によってデータ行列の「結果」が異なるさい，これらの数値は完全な成員あるいは不完全な成員であることを示さない。「結果」の数値は，ただその真理表行が「結果」の十分条件かどうかだけを示している点に注意しよう。

3. 完備真理表の解

▶解導出の全体的な過程

　表4.1のような完備真理表が作成できれば，次にはその解の導出に取りかかることになる。fsQCAでのその手順では，まずふたつのオプションがある。<Specify Analysis> と <Standard Analysis>である。前者の分析条件特定化オプションでは，原因条件の選択について，分析者が種々な制約をつけながら簡単化を行う。[3] 原因条件が「結果」にどのように関連するか不確実である場合，このオプションの利用は控えるべきである。後者の標準分析では，ソフトが原因条件をアルゴリズムに従い自動的に選択する。中間解などを出し，また分析者に負担をかけないので，標準分析の方が望ましい。

　標準分析を進めるには次のような手順に従う。

標準分析の手順（手順の4.1の4に続く）　　　　　　　　　手順4.2

5. 〈Standard Analysis〉（標準分析）をクリックする。
6. Intermediate Solution（中間解）の画面が出てくる。この画面上で「結果」への各原因条件の影響の期待方向を分析者が判断する。判断の基礎は理論的あるいは実体的知識である。「結果」がその原因条件の存在によって出るなら〈Present〉に，不在によって出るなら〈Absent〉に，そしていずれの場合にも出るなら〈Present or Absent〉にクリックする。これらの方向期待はfsQCAで中間解を導出するさいの補助として使われる。その後，〈OK〉をクリックする。

　以上の手順に従うと，標準分析は複雑解，中間解，最簡解という3種の解を出す。これらは真理表の情報を種々なかたちで要約した論理式である。3種の解の意味やそれらの関係の詳細は第6章で議論する。本章ではそれらの

---

[3] このオプションの詳細は，Ragin, C.C., *Fuzzy-Set/Qualitaive Comparative Analysis: User's Guide*, http://www.u.arizona.edu/~cragin/fsQCA/software.shtml. 2008（森大輔訳「Fuzzy-Set/Qualitaive Comparative Analysisユーザーズガイド」http://park18.wakwak.com/~mdai/gcal, 2008）を参照。

基本イメージだけをポイント4.3に示しておこう。

> **fsQCAによる3種の解** ポイント4.3
>
> ➤ 複雑解（complex solution）
> 経験データが存在する真理表行だけにもとづいて導出される解。したがって論理残余に関してはいかなる想定も置いていない。複雑解は解の中でもっとも多くの原因条件を含み，他のすべての解の部分集合である。
>
> ➤ 中間解（intermediate solution）
> 経験データが存在する真理表行だけでなく，論理残余のうち，理論による条件の影響期待があれば，それらの行も含めて導出される解。原因条件から見ると，複雑解の上位集合であるが，最簡解の部分集合である解。
>
> ➤ 最簡解（the most parsimonious solution）
> 論理残余について種々な想定をおきながら，もっとも少数の原因条件を論理積と論理和で結合した解式。「論理的に余分な主項」があるときには，最簡解はふたつ以上になることがある。

複雑解と中間解は分離されて出てくることもあるが，同じになることもある。

3種の解の意味を理解するには，まずfsQCAが3種の解をどのようにして導出するのかを知る必要があるか。このプロセスの要点は，

(1) 論理簡単化
(2) 論理式における「論理的に余分な」原因条件項の除去
(3) 分析者による主項の選択判断
(4) 論理残余についての想定

である。本章では(1)〜(3)を説明し，(4)については第6章で議論する。これらの要点の理解は，真理表の解の意味を理解し，事例分析を深めるために不可欠である。

表4.8 真理表行における十分条件論理式

表4.1 での 行コード	素条件				結果	十分条件 の論理式
	高価格 P	卓越品質 Q	希少性 R	シンボル性 S	贅沢品 L	
3	1	1	1	1	1	PQRS
4	1	0	1	1	1	P～QRS
5	1	1	1	0	1	PQR～S
6	1	1	0	1	1	PQ～RS
1	0	0	1	1	1	～P～QRS

▶論理簡単化

◆論理簡単化とは

　3種の解の導出では，論理簡単化が使われる。論理簡単化は複雑な論理式をより簡単な論理式に変換していくプロセスである。fsQCAでは，クワイン・マクラスキー法という計算アルゴリズム[4]を使って，論理簡単化を行う。この方法はとくに多変数からなる論理式の簡単化を行う基本技術であり，デジタル回路の設計などに使われてきた。以下ではこの方法の技術的詳細ではなく，論理簡単化の基本的な考え方を具体例によって説明しよう。

　表4.1の真理表から，贅沢品を生み出す行を取り出し，各行を十分条件を表す論理式に書くと，表4.8のようになろう。最右欄には各行の原因条件の構成パターンを示す論理式が示されている。この式はまた基本式とも呼ばれる。

　これらを使うと，贅沢品の十分条件を次式で表すことができよう。

$$PQRS + P\sim QRS + PQR\sim S + PQ\sim RS + \sim P\sim QRS \rightarrow L$$

　この式は表4.8の十分条件にかかわる情報のすべてを要約している。しかし，この式は依然として複雑である。真理表分析の目的は，この複雑式を真理表に含まれる情報を失うことなしに，できるかぎり論理的に簡単化すること

---

4) この方法についての詳細は，永田博義『初めて学ぶディジタル回路とブール代数』オーム社，1996年を参照。

である。論理的簡単化とは，できるだけ少ない原因条件の構成によって十分条件を表すことに他ならない。これによって，真理表に含まれている基本的な因果関係をより明確に示すことを目指している。

論理簡単化のためには，まずルール4.3を次々に適用する。

「論理的に余分な」条件の除去による論理簡単化　　　　　　　　ルール4.3

真理表のふたつの行は，もしそれらがともに同じ「結果」を生み出し，しかもその原因条件の構成パターンがただひとつの条件においてのみ異なるならば，この条件は論理的に余分であり，除去できる。

「論理的に余分」な条件は，それらの行におけるそれ以外の残りの条件の存在が「結果」を生み出すことに関連しない。この場合，論理的に余分な条件を省略して，そのふたつの行を併合し，より簡単な原因条件の構成パターンからなる十分条件を作ることができる。

◆ベイッチ図

論理簡単化という作業の内容は，図4.3のようなベイッチ図[5]を使うとより容易に理解することができる。この図法により，4つの原因条件の論理的な構成を平面に図示できる。この図は四角形の4つの辺のそれぞれが原因条件に対応し，その組み合わせ状態が区画されている。原因条件の構成パターンによって四角形内に16個のセルができる。各セルは4つの原因条件の異なる構成に対応している。たとえばセル①は，高価格，卓越品質であるがシンボル品でも稀少品でもない製品に対応している。

この図において，贅沢品を生み出すセルは②，⑤，⑥，⑩，⑪のいずれかである。これらのセルが表4.7の真理表の各行に対応することは容易に見て取れるであろう。さらに注目すべきことは，隣接するふたつのセル間での原因条件の相違である。ベイッチ図の書き方によって，最左列と最右列も，ま

---

5) ベイッチ図の書き方の詳細は，城戸健一『論理回路』森北出版，2001年を参照。

図4.3 ベイッチ図

	高価格 P		非高価格 ~P		
卓越品質 Q	①	② PQR~S	③	④	~S 非シンボル性
	⑤ PQ~RS	⑥ PQRS	⑦	⑧	S シンボル性
非卓越品質 ~Q	⑨	⑩ P~QRS	⑪ ~P~QRS	⑫	
	⑬	⑭	⑮	⑯	~S 非シンボル性
	~R 非希少性	R 希少性		~R 非希少性	

た最上行と最下行も隣接していることに注意しよう。これらの隣接するセル間では原因条件はただひとつの条件でのみ異なっているにすぎない。たとえば，⑤と⑥での相違は~RかRかの相違である。②と⑥では~SかSかの相違である。

ベイッチ図での各セルは真理表の各行に対応している。論理簡単化の原理はただひとつの原因条件のみで異なる真理表行の間に適用される。ベイッチ図でいえば，これは隣接するセル間に適用される。また論理簡単化でいう真理表行の併合とは，ベイッチ図では隣接セルをひとつのより大きいセルにまとめることである。たとえば，セル②と⑥をひとつのセルにまとめれば，そこでの原因条件の構成はPQRとなり，十分条件はより簡単化されることになる。この結果，併合された元のセル②と⑥は，併合の結果できたセル②∪⑥の部分集合になる。

以上のような論理簡単化は，ひとつの原因条件だけで異なるような，基本式のペアに関して次々に適用できる。また同じ基本式を異なるペアに関して何度でも使ってかまわない。さらに簡単化された項（原因条件の構成項）に

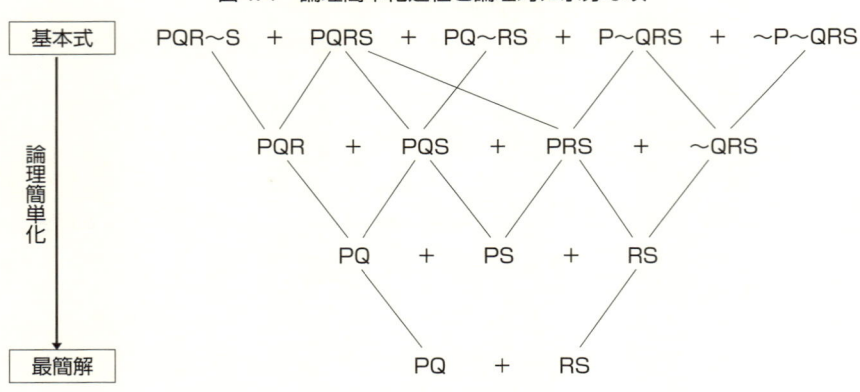

図4.4 論理簡単化過程と論理的に余分な項

基本式： PQR~S ＋ PQRS ＋ PQ~RS ＋ P~QRS ＋ ~P~QRS

論理簡単化：
　　　　PQR ＋ PQS ＋ PRS ＋ ~QRS

　　　　　　PQ ＋ PS ＋ RS

最簡解：　　　PQ ＋ RS

も適用していくことができる。表4.8の真理表に関してこの論理簡単化ルールを次々に適用していけばどうなるか。

◆主項の特徴

　図4.4はこの論理簡単化の流れを上から下へ示している。流れが下へ進むにつれて，真理表がもともと持っていた十分条件の情報は，より少ない原因条件の構成項によって表現されるようになる。真理表の5つの基本式は，それぞれ4つの原因条件からなっており，それらの論理和が贅沢品の十分条件であった。しかし，実線で示された各ペアについて論理簡単化を行えば，次の段階では3種の原因条件の構成からなる4つの項ができる。それらにさらに論理簡単化を行うと，PQ，PS，RSという3つの項になる。

　これらの項は主項（prime implicant）と呼ばれている。主項の特徴はポイント4.4に示す2点である。

主項の特徴　　　　　　　　　　　　　　　　　　　　ポイント4.4

➢それらを併せると，基本式のすべてを含んでいる。
➢論理簡単化の手順によっては，もうこれ以上は簡単化できない。

主項の論理和が基本式のすべてを含むのはなぜか。それは主項に至る論理簡単化の過程が，ペアの構成項のそれぞれを部分集合とするより大きい集合，つまり上位集合を作っていく過程だからである。論理簡単化の過程はそれ以前の情報をより簡潔に要約していく過程である。

▶論理的に余分な項の除去

　真理表分析の目的は，真理表の情報を簡潔に要約した解式を作ることである。図4.4についていえば，基本式から最簡解への過程である。複雑解や中間解はこの過程の途中で生じる。最簡解にいたる過程は論理簡単化の原理を適用していくだけでは十分ではない。さらにもうひとつのルールが必要である。それは論理的に余分な項を除去するというルールである。

　たとえば，図4.4の第2の段階では，上の段階の論理簡単化によって，PQR，PQS，PRS，〜QRSという4つの項ができる。しかし，次の段階の解はPRSを除去した

　　PQR + PQS + 〜QRS

である。なぜPRSを除去するのだろうか。それが十分条件式では「論理的に余分な項」だからである。

　図4.4をもう一度見てみよう。PRSはPQRSとP〜QRSを論理簡単化によって簡単化したものである。しかし，PQRSはPQSによっても，またP〜QRSは〜QRSによっても要約されている。基本式の情報はPRSを除去しても，残りのPQR，PQS，〜QRSの論理和によって要約されている。さらにPRSはRSによって，PQSはPQによって要約されるからPSは論理的に余分な項になり，解から除去できるのである。

　同じことは，最簡解を導くにさいして主項のうちPSについてもいえる。第3段階の情報はPSが無くても，PQとRSによって要約できる。解式にお

ける論理的に余分な項はそれを除去しても，真理表に含まれている情報の真理値には何らの影響も与えない。だからPSは最簡解を得ようとすれば論理的に余分な主項になり，除去されているのである。

◆ **主項チャート**

主項のうちどれが論理的に余分な項であるのか。この点を確認するには主項チャートが便利である（表4.9）。この表では各主項が，真理表行に対応するどの基本式を部分集合として含んでいるかを○で示している。主項はひとつ以上の基本式をカバーしている。主項チャートはこれらの錯綜した関係を明確に示している。基本式のいくつかは複数の主項によってカバーされている。論理的に余分な主項はこの中にある。図4.4ではPSを除去しても，基本式はPQかRSのいずれかによってすべてカバーされる。PSが論理的に余分な主項になるのはこのためである。

表4.9　主項チャート

主項	真理表行に対する基本式				
	PQR~S	PQRS	PQ~RS	P~QRS	~P~QRS
PQ	○	○	○		
PS			○	○	
RS				○	○

要約すれば，

解式での「論理的に余分な」項の除去　　　　　　　　　　ルール4.4

解式での項は，それ以外の項によって基本式のすべてが含まれているかぎり，真理表の情報を表すにさいして論理的に余分な項であり，解式から排除してもよい。

である。論理簡単化にこの除去ルールを加えることによって，真理表に含まれる基本式のすべてを，より簡単化された解式で表すことができるようになる。

真理表の論理簡単化は，識別された主項がすべての基本式（図4.4の最上段）に及ぶ時にのみ完全に行われたことになる。このさい主項は基本式のすべてを包括している。fsQCAはこの作業を行うが，時々，すべての基本式を包括するのに必要な数以上の主項が存在することがある。

たとえば4つの主項があり，その内の特定のふたつの組み合わせですべての基本式を包括できる場合などである。したがっていずれかふたつの主項が論理的に余分になる。このような事態が発生したとき，fsQCAは〈Prime Implicant Chart〉（主項チャート窓）がポップアップする。これによって適切な主項を選択すればよい（章末付録参照）。

どの主項を選択するかは理論あるいは事例の内容による。この選択により，最簡解は常に影響を受ける。中間解はまったく影響されない場合もあるし，また少し論理式が変わる場合もある。だから主項選択により中間解がどのように影響されるかの検討も必要になろう。いずれにせよ，主項選択については明確にしておく必要がある。

▶標準分析による3種の解

◆3種の解の特徴

QCAによる真理表分析は複数の解を出す点に特徴がある。fsQCAの標準分析では，複雑解，中間解，最簡解をアウトプットにしている。上例の贅沢品の完備真理表事例（表4.1）では，各条件の方向期待について〈Present or Absent.〉を選び，標準分析をすると，複雑解・中間解として

$$PQR + PQS + \sim QRS$$

が示された。これによれば，贅沢品は3種ある。高価格・卓越品質で希少性

のある製品，高価格・卓越品質でシンボル性のある製品，そして卓越品質ではないが希少性とシンボル性を兼ね備えた製品である。
　また最簡解は

　　PQ + RS

として示された。これによれば，贅沢品は高価格・卓越品質の製品か希少でシンボル性を持つ製品のいずれかである。
　これら複数解の特徴を要約すれば，

QCAによる複数解の特徴　　　　　　　　　　　　　　　　ポイント4.5
➤ **論理的に同等物である。**
➤ **真理表に含まれる同じ情報を表現している。**
➤ **相互に矛盾しないし，また真理表に含まれる情報とも矛盾しない。**
➤ **真理表に含まれる情報の要約として，いずれも受容できる。**

になる。複数解は真理表に含まれている十分条件の情報を多様なかたちで示しているのである。

◆3種の解の用途
　しかし，同じ情報をなぜ多様な形で示す必要があるのだろうか。一言でいえば，多様なリサーチ・ニーズに応えるためである。たとえば，ラグジュアリー指向の高まりに対応するために，贅沢品の開発に関心があるとしよう。上記のような最簡解が調査の結果出たとすれば，その製品開発にふたつの方向があることがわかる。
　ひとつは卓越品質・高価格の製品を開発することである。この方向は従来から高級ブランド品の開発などでとられてきた方向である。もうひとつはシ

ンボル性と希少性を組み合わせて製品開発をする方向である。消費者が製品をしばしばシンボルとして使用しようとする。人によってシンボルの内容は様々である。代表的なものとして，社会的地位，富裕さ，流行先端，ファッションセンス，若さ，知性，あるいはシンプル・ライフなどといった個人的な嗜好などをあげることができる。製品がこれらを示す記号として使用されるとき，その製品はシンボル性を持つことになる。

とくに若者市場をねらうとき，流行先端などをシンボルとする製品を開発しやすい。標的市場がどのようなシンボルを求めているかを把握して具体的なシンボル製品を開発するのである。しかし，贅沢品にするには，その製品は希少性も合わせ備えねばならない。稀少性はその製品の原材料の制約や骨董品など再生産の不可能性から生じることが多いが，それだけではない。

マーケティング的に希少性を作り出す方法がある。それは生産数量を限定すること，あるいは流通販路を制限することである。これによって製品の希少性が生み出されることになる。高価格・卓越品質のブランド開発をしなくても，シンボル製品の生産制限や販路制限によっても，贅沢品を作り出せることを最簡解は教えている。

中間解などにはどのような用途があるのだろうか。まず，最簡解よりもより詳細なかたちで十分条件を示すことがある。中間解が示す〜QRSの項は卓越品質を持たなくても贅沢品を作る方途があることをより明確に示している。また贅沢品を作る上でシンボル性という属性が果たす役割が問題になっているようなときには，PQS，〜QRSはそれを明確に示している。卓越品質・高価格と関連するときにはシンボル性の役割は二次的であるが，卓越品質でないときには，シンボル性は希少性と組んで中心的な役割を果たすことになる。このようにどのような解を取り上げるかは，その調査・研究で何が問題になっているかの状況に依存しているのである。

図4.5　リサーチ・サイクル

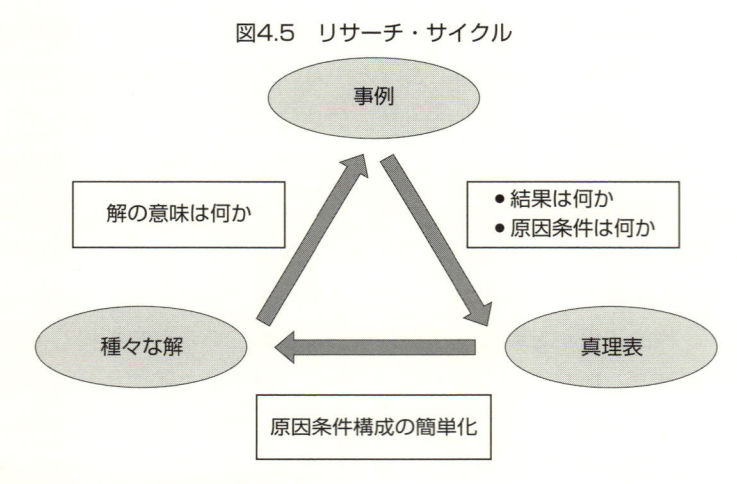

```
                    事例
                   ↗    ↘
                  ↗      ↘
      解の意味は何か      ●結果は何か
                            ●原因条件は何か
                  ↖      ↙
         種々な解 ← ── 真理表
              原因条件構成の簡単化
```

▶リサーチ・サイクルでのQCA

　QCAによる事例分析は，以上のようにデータ行列から始まり，解の導出（真理表分析）で終わる一回限りのプロセスではない。QCA利用による事例分析では，因果推論を目指して事例は視角を変えながら繰り返し分析しなおされる。このようなプロセスをリサーチ・サイクルと呼ぼう。QCA利用による事例分析のリサーチ・サイクルでは，QCAは事例分析を段階的に深めていくさいのナビゲータになっている。データ行列から真理表分析にいたるプロセスを，この観点から振り返ってみよう。

　図4.5に示すように，QCAは事例を因果関係のまなざしで眺める。その事例のどのような「結果」が問題なのか，それを生み出している原因条件は何かという視点である。このような視点に立った個別事例の分析によって，出発点のデータ行列が作成される。その行は各事例を示し，列には原因条件や「結果」が並ぶ。これがQCAへのインプットである。QCAはこのデータ行列を原因条件の構成パターンの観点から整理して真理表を作成する。真理表の各行は「結果」を生み出す原因条件の異なる構成パターンに対応してい

る。したがってそれは,「結果」を生み出す十分条件を多様な形で示しているといえよう。

　QCA はこの真理表を論理的に分析しその解を出す。解は十分条件をより簡単なかたちで表現したいくつかの論理式である。それは事例における「結果」と原因条件の本質的な関係を簡潔な形で示している。それは理論的事例研究におけるまさしく「理論」部分に対応するものである。この解は既存理論の検証や新理論の提唱の核になる。それだけではない。この解はリサーチ・サイクルで,個々の事例を新しいまなざしの下に再検討する機会を与える。

　QCA では事例を通常の統計分析の標本（事例）のように質点として扱わない。統計分析では,標本は結果と原因条件についての変数値によって表されるにすぎない。統計分析は,これらの変数値の事例間にまたがる統計的な関係を明らかにしようとしている。いわばデータ行列を列の観点から見ている。そこでは,具体的な個々の事例が原因条件と「結果」の変数値よって表されるひとつの質点として扱われている。そのさい事例そのものの拡がりは捨象されている。事例の内実と分析は質点を通じて細くつながっているにすぎない。

　これに対して,QCA はデータ行列を行,つまり事例の観点から眺めている。その関心は個々の事例において原因条件と「結果」がどのように関連して存在しているのかということである。分析と事例の内実はいわば直接的につながっている。真理表の解を念頭に事例の内実を再検討すれば,事例研究が深まる。

　理論概念へのその事例の配属が適切であったか,原因条件が各事例でどのように組み合わせられて「結果」を生み出しているのか,といった点についての理解が深まるだろう。研究というものが,英語の research という用語で明確に示されているように,真理や事実への探索の繰り返しであるとすれば,QCA はこの探索過程で統計分析とは別種のやり方によるナビゲータになる。

補論：
ポップアップ・ウィンドウ〈Prime Implicant Chart〉の操作

　ポップアップするウィンドウは図4.6のようなものである。これはlock，gift，evnt，htel，shopという5種の原因条件からなるデータを分析した例である。この窓にはふたつのタブがある。〈Solution〉タブをクリックすると，解にかならず含まれる必要不可欠な主項が表示される。空白の場合，そのような主項は存在しない。

　分析者が主項を選択せねばならない場合は，〈PI Chart〉のタブが関連する。第1列は分析者が選択してもよい主項である。各行はひとつの主項に対応している。たとえば数字（0-10-）はlock，gift，evnt，htel，shopの1，3，4番目の条件の有無が主項にかかわることを示し，主項内容は〈Prime〉フィ

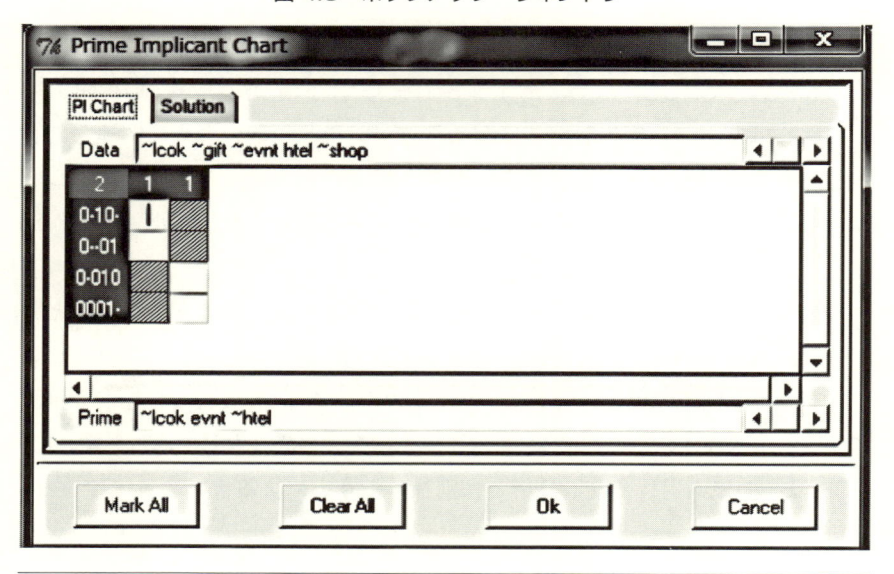

図4.6　ポップアップ・ウィンドウ

ールドに示されている。

　残りの列（第2，3列）は，ひとつ以上の主項で包括されることなる真理表行を表す。これらの列のひとつのセルをクリック（クリックしているところは記号｜）すると，図上の〈Data〉フィールドが対応する真理表行を示す。このデータの場合，～lock　～gift　～evnt　htel　～shopになる真理表行である。また図下の〈Prime〉フィールドが対応する主項を示す。ここでは～lcok　evnt　～htelが示されている。

　1行1列の数字の2は，あらゆる真理表行を包括するのに必要な主項数はこのデータの場合2であることを示している。ある列の斜線（コンピュータ表示では赤色）のセルは主項が包括できる真理表行を示している。これらの情報にもとづくと，分析者が選択できる主項は，行でいうと（2，4），（2，5），（3，4），（3，5）の各行の組み合わせであることがわかる。

　ひとつの主項を選択するには，1列の対応行をクリックする。クリックした列のセルは灰色から白色に変わる。左上隅の数字はひとつずつ減っていく。各真理表行について少なくともひとつの主項を選択すれば，左上隅の数字はゼロになり緑色になる。こうなると〈OK〉をクリックして真理表分析をさらに進めることができる。主項の選択を変えたい場合には，選択した主項セルを右クリックするか，〈Clear All〉ボタンをクリックすればよい。

第5章

データは推論を
どう支持しているか

QCAでは，事例データを真理表にまとめ，その分析によって因果推論を行う。この推論はどのように検証されるのだろうか。たとえば回帰分析におけるように，統計分析では分析結果を経験データにてらして検証するいくつかの手法がある。因果効果を判断する回帰係数の有意性検定やモデルの適合度を示す決定係数などがその例である。QCAでの検証は2面で行う。ひとつは真理表が経験データにどう対応しているか，他のひとつは真理表の解が事例における因果関係をどの程度まで説明しているかである。これらの検証では，整合性と被覆度が主要な考え方になる。

　表5.1のようなデータ行列にQCAの真理表アルゴリズムを適用してみると，表5.2の白地部分のように出力される真理表では「結果」欄が空白である。これはその真理表が経験データにどう対応しているかを分析者が判断して「結果」数値を入れよというQCAの指示である。この真理表では〈number〉（行に含まれる事例数）とともに，〈consist.〉で示される整合性の欄がある。これらの欄の数値が経験データと真理表との対応を評価するベースになる。各行の事例数は原因条件の構成パターンに対する事例データの量を示す。一方で整合性はその行の事例間で「結果」が矛盾している程度を表している。

　真理表の解の検証についてはどうか。整合性は解についても考えることができる。それは解式が表している集合で「結果」がどの程度に出ているかを示している。この整合性は，その集合に意味があり，検討する価値があるかどうかを示す点で，機能的には統計分析の有意性に似ている。また解とデータとの関連は被覆度によっても評価される。それは解が事例を被覆（カバー）する程度である。つまり，「結果」の出ている事例集合の何％を解の事例集合が占めるかを示す。機能的に見ると，被覆度は回帰分析でモデルの説明力を示す決定係数に似ている。

　以上のことから見て，本章の学習目標は次の点を理解することにある。
　●データ行列を真理表に整理すると生じる不完備真理表とは何か。

- 真理表での矛盾行の整合性とそれへどう対応するのか。
- 真理表の解の整合性と被覆度

1. データとの整合性

▶真理表への変換で生じる経験世界との対応

　表5.1のデータ行列を例として，真理表への転換で生じる問題をより詳細に検討しよう。このデータ行列は，大都市圏で競争する異業態競争の実態を示している。各店舗は店舗忠誠（購買客のうち再来店意向を持つ者の比率）を高めようと競争している。どのような店舗属性に関して優位性を持てば，この競争に勝てるのか。この点に関心を持ち，筆者はかって首都圏（東京，千葉，埼玉）在住の消費者3000人を対象に調査を行ったことがある。[1] 表5.1はこのデータをクリスプ集合型のデータ行列にまとめたものである。

　表では原因条件として4つの競争優位基盤が示されている。1であれば競争優位であり，0であれば優位性がない。また競争者に卓越した「結果」を出していれば1，そうでなければ0という数値である。この判断は消費者の事例別集計スコアがある閾値を超えているかどうかにもとづいている。競争基盤の優位性や「結果」の卓越性を示すために，閾値はこれらの22社間で中位数を若干上回る水準に設定した。

　このデータ行列をfsQCAの真理表アルゴリズムを使って真理表に変換してみると，表5.2の非網かけ部分のような結果が出た。原因条件kは4つあるから，可能な構成数は$2^4 = 16$となり，これが真理表行に示されている。これらの16行のうち6行は事例が存在しない。この種の行は，「論理残余」（logical remainder）と呼ばれる。真理表分析にさいして，論理残余をどう取り扱うかという問題は次の6章で議論しよう。

---

1) 田村正紀『業態の盛衰』千倉書房，2008年。

132　第5章　データは推論をどう支持しているか

表5.1　データ行列：店舗忠誠とその原因条件

コード	店舗事例	郊外型立地	明確な店舗コンセプト	広く深い品揃え	高度接客対応	店舗忠誠
1	高島屋	0	0	1	1	1
2	三越	0	0	1	1	0
3	丸井	0	0	1	1	0
4	伊勢丹	0	0	1	1	1
5	イトーヨーカ堂	1	0	1	1	1
6	ジャスコ	1	0	1	0	0
7	しまむら	1	0	0	0	0
8	ユニクロ	1	1	1	0	0
9	ギャップ	1	1	0	0	1
10	ライトオン	1	0	0	0	0
11	青山	1	0	0	1	0
12	オゾック	0	1	0	0	0
13	コムサデモード	0	1	0	0	0
14	ビームス	0	1	0	0	1
15	アルペン	1	1	0	0	0
16	ドンキホーテ	1	1	1	0	1
17	マツモトキヨシ	0	0	1	0	0
18	パルコ	0	0	0	0	0
19	ルミネ	0	0	0	0	0
20	無印良品	0	1	0	0	1
21	チヨダ	0	0	0	0	0
22	アフターヌーンティ	0	1	0	0	1

　データ行列と真理表の対応問題は，「論理残余」行以外でも発生している。真理表行の1，2，5がそれである。これらの行では原因条件の構成が同じであるにもかかわらず，データ行列での「結果」が異なっている。たとえば，真理表行1では，ビームス，無印良品，アフターヌーンティでは店舗忠誠が存在してデータ行列の結果数値は1となるが，コムサデモードとオゾックの

表5.2 不完備真理表（白地部分）

ケース case（真理表行）	原因条件 郊外型立地 K	明確な店舗コンセプト C	広く深い品揃え A	高度接客対応 S	number 事例数	結果 店舗忠誠 L	raw 粗整合性	consist.	所属企業 太字はデータ行列の「結果」=1	分析者の結果の判定 店舗忠誠 L
1	0	1	0	0	5		0.6		**ビームス**，コムサデモード，オゾック，**無印良品**，**アフターヌーンティ**	1
2	0	0	1	1	4		0.5		**高島屋**，**伊勢丹**，三越，丸井	1
3	0	0	0	0	3		0		ルミネ，チヨダ，パルコ	0
4	1	1	1	0	2		1		**ユニクロ**，**ドンキホーテ**	1
5	1	1	0	0	2		0.5		**ギャップ**，アルペン	1
6	1	0	0	0	2		0		ライトオン，しまむら	0
7	1	0	1	1	1		1		**イトーヨーカ堂**	1
8	1	0	0	1	1		0		ジャスコ	0
9	1	1	0	1	1		0		青山	0
10	0	0	1	0	1		1		**マツモトキヨシ**	1
11	1	1	1	1	0					
12	1	1	0	1	0					
13	0	1	1	1	0					
14	0	1	1	0	0					
15	0	1	0	1	0					
16	0	0	0	1	0					

数値は0である。真理表行の2と5も同じである。

　これらの行は「矛盾する条件構成」行あるいはたんに「矛盾する行」と呼ばれる。この種の行に対しては，分析者がその「結果」を判断しなければならない。QCAではこの判断のベースとして，整合性を考える。整合性は真理表の行の場合には，「結果」が矛盾している程度の指標であり，真理表行

が表す原因条件構成が十分条件であるかの検証でもある。

▶クリスプ集合での整合性

「矛盾する条件構成」行では，事例間で「結果」に対する十分条件としての整合性がない。ある事例ではその原因条件が結果を生み出しているのに，その同じ条件が別の事例では十分条件にならない。原因条件の構成という点では同じである事例間でも，「結果」を示したり示さなかったりする。

整合性はこのような状態を指標している。この指標の基礎は，十分条件を表す集合関係である。原因条件が「結果」の十分条件であれば，図3.2で示したように原因条件は「結果」の部分集合になる。整合性はこの部分集合関係に，事例データがどの程度に近似しているのかを示している。

整合性の検討は，「矛盾する行」への対応の第一歩である。原因条件の構成をXとし，X_i（$i=1, 2, ..., N$）によってi行の原因条件構成を示すことにしよう。「結果」をYとすれば，この整合性の程度は，真理表行についてルール5.1のような指標で計算できる。表5.1の素整合性の列は，この式で計算した各行の整合性を示している。整合性が1であれば，整合性は完全である。整合性が0に近づくほどその整合性は低下していく。

クレスプ集合での整合性計算式　　　　　　　　　　　　ルール5.1

$$\text{Yの十分条件としてのX}_i\text{の整合性} = \frac{X_i=1\text{かつY}=1\text{になる事例数}}{X_i=1\text{となる事例数}}$$

「矛盾する行」をベン図で書けば，Xの集合とYの集合が図5.1のように部分的に重なっている状態である。XがYの十分条件であれば，XはYの部分集合になるから，ふたつの集合XとYの重複部分bが大きくなるほど整合性は大きく，小さくなると整合性は小さくなる。整合性の指標は，ベン図でいえば，領域（b+d）

1. データとの整合性

図5.1 矛盾行のベン図における整合性：b/(b+d)

に対する領域bの比率，つまりXがYに含まれる程度である。

▶ファジイ集合での整合性

ファジイ集合の場合には整合性をどう計算すればよいだろうか。ファジイ集合の場合に，十分条件はXYプロット図で明確に表すことができる。Xを原因条件構成とし，Yは結果を表しているとしよう。XとYについての事例

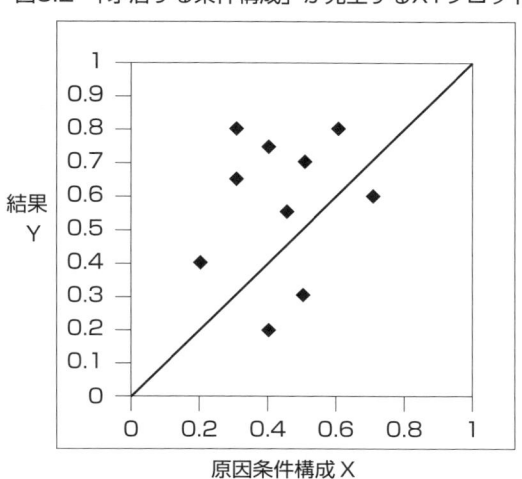

図5.2 「矛盾する条件構成」が発生するXYプロット

の成員スコアをこの図にプロットしたとき，すべての事例がX≦Yとなり，45度線より上方に位置すれば，Xは十分条件であり，「矛盾する条件構成」行は発生しない。

XYプロットが図5.2にようになった場合はどうだろうか。この場合には，3つの事例が45度線の下方にある。これらの事例ではX＞Yとなるから，Xは十分条件になっていない。同じ原因条件構成を持ち，真理表の同じ行に所属しても結果値が異なるため，「矛盾する条件構成」行となるのである

この図で整合性はどうなるだろうか。クリスプ集合と同じ発想に立てば，10個の事例の内で，45度線以上に位置する事例数7の比率，つまり0.7となろう。しかし，この発想は，対角線より下にある事例を，同じウェイトで見ている点に問題がある。対角線下方の事例でも，右端の事例は他のふたつの事例よりもはるかに集合Xへの所属性が高い。それにもかかわらず，Yの値は対角線を下回る。十分条件を示す点でこれらの事例が矛盾している程度は，XとYの値がともに低いので対角線の近くに位置している他の2事例よりも，はるかに大きいはずである。

この欠点を補うために，ファジイ集合の整合性はルール5.2の式で計算する。

ファジイ集合での整合性計算式　　　　　　　　　　　　　　ルール5.2

$$\text{十分条件}(X_i \leq Y_i)\text{の整合性} = \frac{\sum_{i=1}^{n} \min(X_i, Y_i)}{\sum_{i=1}^{n} X_i}$$

n = 事例数

式の分子はX_iの総和であり，分子は各事例について$\min(X_i, Y_i)$，つまりX_iとY_iのうちで，より小さい値の総和をとったものである。その計算例は

表5.3に示されている。すべての事例でXがY以下の数値をとって十分条件になるとき，上式の分子はXiの総和になるから分母と同じになり，整合性は最大の1になる。

表5.3　ファジイ集合での整合性計算例

X_i	Y_i	$\min(X_i, Y_i)$
0.6	0.8	0.6
0.4	0.75	0.4
0.3	0.65	0.3
0.7	0.6	0.6
0.3	0.8	0.3
0.5	0.3	0.3
0.4	0.2	0.2
0.5	0.7	0.5
0.45	0.55	0.45
0.2	0.4	0.2
合計	4.35		3.85

整合性＝3.85/4.35＝0.885

　十分条件を満たさないとき，その事例は対角線の下方に位置して，XよりもYの方が小さくなる。対角線から離れれば離れるほどXとYの差は大きくなり，Xの総和に対する分子の総和はより小さくなる。だからこの整合性指標は事例が対角線からどれだけ離れているのか，つまり十分条件を満たさない程度を測っているのである。

▶素整合性と解整合性

　クリスプ集合とファジイ集合のいずれの場合でも，整合性は問題になる原因条件の種々な構成について計算できる。それが真理表の各行における原因条件構成について計算されるときには，その整合性はとくに素整合性（raw consistency）と呼ばれる。真理表分析の解における原因条件の構成について計算されるときには，解整合性（solution consistency）と呼ばれる。すなわち，

素整合性と解整合性　　　　　　　　　　　　　　　　　　　　　　ルール5.3

素整合性　　真理表各行の原因条件構成が十分である条件整合性
解整合性　　真理表分析の解における原因条件構成が十分である条件整合性

である。素整合性は真理表での「結果」数値が1か0かを判断するさい使われ，解整合性は分析結果を評価するさいに使われる。

▶PRI整合性

fsQCAでは真理表アルゴリズムを使った場合に，整合性を〈consist.〉の表題の下に出力するだけでなく，他の指標も出力する。その中で，ファジィ集合の場合に重要なのは，〈PRI consist.〉の表題の下に出力されるPRI（Proportional Reduction in Error）整合性である。これはファジィ集合での十分条件分析にさいして生じる不都合を察知するための指標である。それは同じ原因条件が「結果」とその否定である「結果が出ない」の両方の十分条件になるという事態である。このような事態は原因条件の成員スコアが小さい場合に生じることがある。

表5.4　結果Yと～Yの両方に原因条件が整合する例

事例	原因条件	結果		集合関係	
	X	Y	～Y	X<Y	X<～Y
A	0.1	0.7	0.2	Yes	Yes
B	0.2	0.6	0.4	Yes	Yes
C	0.3	0.5	0.5	Yes	Yes

表5.4はこの事態の例を示している。ファジイ集合の場合，原因条件の成員スコアが「結果」の成員スコアよりも小さく，その部分集合になるとき，その原因条件は十分条件である。表5.4のようにXの値が小さいとき，「結果」の値のいかんによって，この事態がYと〜Yの両方に同時に生じる。同じ原因条件が「結果」が出る場合と「結果」の出ない場合の両方の十分条件になる。これは不都合である。

PRI整合性はこのような事態の発生を警告する。その計算式は

PRI整合性の計算式　　　　　　　　　　　　　　　　　　　　　　ルール5.4

$$\mathrm{PRI} = \frac{\sum \min(X_i, Y_i) - \sum \min(X_i, Y_i, \sim Y_i)}{\sum X_i - \sum \min(X_i, Y_i, \sim Y_i)}$$

である。この式は整合性の式の分母と分子の両方から，X, Y, 〜Yの共通部分を取り除いている。PRIはYと〜Yのそれぞれについての整合性が非常に異なるとき高い数値を取る。PRIと整合性を乗じた積が大きいときには，十分条件であると解釈しても問題は生じない。

2. 整合性水準の評価

▶なぜ整合性が低くなるのか

経営学だけでなく，社会科学のデータでは整合性が完全になることは珍しい。整合性の低いデータに直面したときに，どうすればよいのか。そのさいにはまず，なぜ不整合が生じるのかを考えよう。不整合の原因は回帰分析など一般の統計分析の場合と似ている。QCAも原因条件と「結果」の関連を

問うものであり，分析の背後には，一群の原因条件が「結果」を生み出すという因果モデルがある。この観点から見ると，不整合は次のような理由で生じている可能性がある。[2]

　第1に，不整合は因果モデルが不適切なことから生じる。重要な原因条件が欠けているのである。「結果」と関連し，しかも事例間でその値が異なるよう原因条件を見逃していないかどうかを検討しよう。このような原因条件を追加すれば，矛盾する行はふたつの行に分かれ，「結果」も異なる値をとるかもしれない。これによって整合性が向上する。

　しかしこの方法には欠点もある。原因条件を追加すれば，真理表の行数は倍になる。異なる原因条件数をkとすれば，真理表行数は式 2^k によって決まるからである。データ標本数にもよるけれども，真理表の行数が増えると，次章で議論予定の「論理残余」の問題，つまり事例が存在しない真理表行の問題を増加させることになる。したがって，「結果」にも関連が薄く，また事例間でその値がそれほど変動しない原因条件がないかどうかも検討して，もしあればそれを除去しなければならない。

　第2に，不整合性は「結果」や原因条件の定義，概念化，測定に問題がある場合にも生じる。これらがあまりにも曖昧で不正確でないかどうかを検討する必要がある。「結果」に関して矛盾する事例は，相互にどのような点で似ており，どのような点で異なっているのか。この比較を行えば，定義，概念化，測定上の問題点を発見する糸口を見つけることができるかもしれない。この作業によって，概念の意味や概念への事例配属が変わる。したがって，定義，概念化，配属を変えるさいには，その変更への理論付けができなければならない。

　第3に，分析している事例の母集団における因果異質性が不整合を生み出しているかもしれない。因果異質性とは，同じ原因条件がある事例では「結果」を生み出すのに，別の事例では「結果」を生み出さないということであ

---

2) Schneider, C.Q. and C. Wagemann, *Set-Theoretic Methods for the Social Sciences: A Guide to Qualitative Comparative Analysis*, Cambridge University Press, 2012.

る。たとえば，流通企業の事例で価格訴求は総合スーパーでは持続成長のための優位基盤になるかもしれないが，都心立地の高級専門店では店舗イメージを損ない持続成長の優位基盤にならないかもしれない。事例によって，同じ原因条件が「結果」に対して逆の方向に働く。これが因果異質性である。

母集団はその事例が抽出された元の集まりである。企業事例の場合にはその企業が所属する集団である。事例となった企業はこの集団の例として取り上げられている。そして企業事例の分析結果は，因果同質性の想定にもとづいてその母集団となっている企業全体に適用される。因果的に同質とは，ある事例に当てはまることがその母集団内の他の事例にも当てはまるということである。こうして母集団は事例分析の結果を適用できる範囲を決めることになる。

分析にさいしての母集団の扱いは，計量研究と定性研究では大きく異なる。統計分析の場合には，因果同質的な母集団が分析に先立って設定されている。この所与の母集団から標本が抽出されて分析されて，その結果が母集団に適用される。一方，事例分析の場合には，因果同質的な母集団を統計分析のように前もって設定し，以後の分析でも固定するわけではない。

もちろん事例分析の場合も事例選択にさいして何らかの母集団を想定する。しかし，それは研究を進めるさいの作業仮説にすぎない。研究の過程で母集団は再定義されるかもしれない。この事例は何の事例であるか。この事例の母集団は何なのか。これらの問いは，複数の可能性のある母集団候補を念頭に，事例研究者がその研究作業の過程で問い続ける問題である。

因果異質性が確認できる場合には，分析する事例を入れ替えることによって，真理表分析における整合性を高めることができよう。この作業は母集団を再定義することに他ならない。これによって理論モデルが変わり原因条件，「結果」，さらには配属が変わることが多い。だから母集団の変更には理論的な裏付けがなければならない。

真理表の作成・分析は一方向的な機械的な作業ではない。分析過程でしばしば事例に立ち返る。事例についての詳細な知識やその再調査にもとづき，「結果」や原因条件の定義，概念化，測定を再考し，各事例が何の事例であるのか，その母集団は何なのかを問い続ける。このような事例と真理表との往復の繰り返しがQCAの特徴である。このような作業が一段落すれば，依然として残る整合性水準の評価が次の作業になる。

▶整合性水準はどのくらい必要か

論理簡単化を行うに先立ち，真理表行の原因条件が十分条件であると認定し，「結果」に1という数値を分析者が入れるには，どのくらいの整合性水準が必要なのだろうか。「結果」が1になっている事例を確証事例と呼ぶとすれば，整合性水準とは，確証事例がその行に所属する事例総数に占める比率である。整合性水準を定める手法にはいくつかあり，[3] その概要は図5.3に示されている。

設定方法はまず真理表行の事例数が少数か多数かによって分かれる。少数

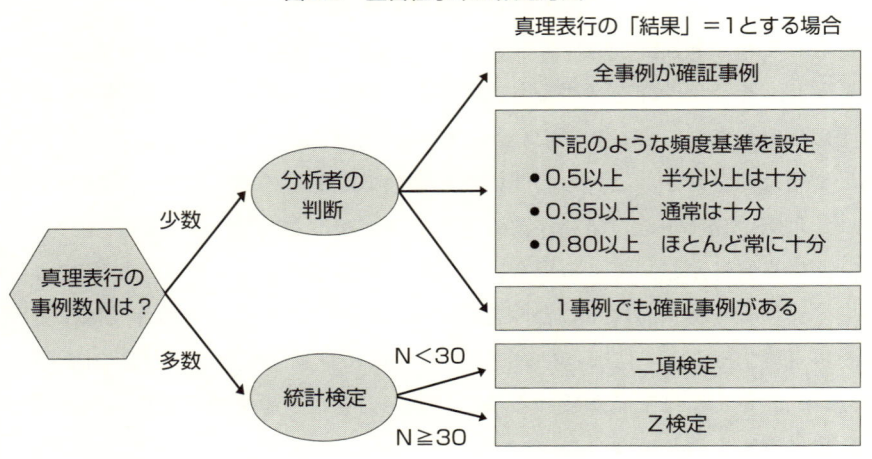

図5.3 整合性水準の設定方法

真理表行の「結果」＝1とする場合

- 真理表行の事例数Nは？
  - 少数 → 分析者の判断
    - 全事例が確証事例
    - 下記のような頻度基準を設定
      - 0.5以上　半分以上は十分
      - 0.65以上　通常は十分
      - 0.80以上　ほとんど常に十分
    - 1事例でも確証事例がある
  - 多数 → 統計検定
    - N<30 → 二項検定
    - N≧30 → Z検定

---

3) Ragin, C.C., *Fuzzy-Set Social Science*, The University of Chicago Press, 2000.

か多数かは統計分析が可能な標本数かどうかによって分かれる。少なくとも15程度以上の事例数がなければ統計分析は難しい。消費者行動データや企業サーベイ・データを分析するときには，標本数にもよるが，多数の事例が得られる場合が多い。

しかし，イノベーションなど新しい経営事象の比較事例研究を試みるときには，データとして得られるのは多くても5から15程度の少数事例であろう。また寡占産業の企業を比較研究の対象にするときも，事情は同じである。この種のデータではたいていの統計分析はお手上げである。しかし，QCAによれば，「結果」とその原因条件との因果分析を行うことができる。

少数事例の場合，許容する整合性の水準は分析者がどの程度に厳しく判断するかに任せられる。もっとも厳しい場合には，行所属事例のすべてが結果（＝1）を示さなければ，その真理表行の原因条件を十分条件にしない。この場合，真理表の「結果」の1という数値は結果がかならず出ることを示し，分析は「結果」の実現のための原因条件を明らかにすることにある。

この対極には一事例でも確証事例があれば，その真理表行の「結果」を1にするという緩い判断もある。この場合，ただひとつの確証事例でも，それは「結果」の出る可能性を示している。「結果」の1はこの可能性を示しているのである。したがって真理表の分析は「結果」が出る可能性の原因条件を探ることになる。

この中間には確証事例が0.5（50％），0.65（65％），あるいは0.80（80％）といった頻度基準を超えると，その真理表行の原因条件を十分条件として「結果」を1にするという判断もある。0.5基準は「半分以上」十分条件，0.65基準は「通常」十分条件，0.80基準は「ほとんど常に」十分条件などと呼ばれる。総じてこれらは準十分性の条件といえよう。

消費者，中小企業，あるいは多くの産業にまたがる企業を母集団にした大標本調査データを使うときには，真理表行に含まれる事例数も多数に上るこ

とが多い。そのさいには、真理表行の整合性をチェックするために統計手法を利用することができる。この手法のねらいは、標本での確証事例の比率が母集団ではどうなるかを推測することである。確証事例の標本での統計分布は、事例数が30未満の時には二項分布になり、それを超えると正規分布に近づく。だから標本事例数が30未満の時には二項検定を、また30を超えるときには標準正規分布にもとづくZ検定によって確証事例比率の有意検定を行う。これらの検定手続きの詳細は本章補論で示されている。

▶整合性水準の設定にどの手法を選ぶべきか

整合性水準を評価するのに、図5.3のどの手法を選ぶべきだろうか。この問いに対して一般的な解答はない。それはその事例研究のコンテキストに依存しているからである。コンテキストの主要な側面は、研究タイプと利用可能事例データである。

◆研究タイプによる選定

研究には検証型と発見型がある。検証型は特定結果を生み出す原因条件についてすでに理論が存在するとき、それを事例によって検証する研究である。理論の中には既存文献での通説だけでなく産業界での通念も含まれる。一方、発見型研究は問題となる事象が新しく、何が結果を生み出す原因条件であるのか、理論も通念もまだ十分に形成されていない場合にその原因条件を探る研究である。

研究はまたデータとして利用可能な事例数が多数あるか少数であるかによっても分かれる。消費者行動や企業経営について一般的な問題を取り上げるときには、かなりの数の事例データを利用できる場合が多い。しかし、先端的な消費者行動や企業のイノベーションなどを問題にする場合には、その問題の本来的な性格によって少数の事例しか得られないだろう。

これらふたつの側面を掛け合わせると、研究コンテキストには表5.5に示

表5.5 必要整合性水準と設定手法の目安

		利用可能事例データ	
		多数	少数
研究タイプ	検証型	必要整合性水準 → 高 ● 統計検定 有意水準5%以下 ● 頻度基準は0.80以上	必要整合性水準 → 中 ● 頻度基準は0.65以上
	発見型	必要整合性水準 → 中 ● 統計検定 有意水準は10%未満 ● 頻度基準は0.50以上	必要整合性水準 → 低 ● 頻度基準は0.50以上 ● 1事例でも確証事例がある

すような4つの主要タイプがある。多数事例のデータが得られる検証型の研究では，明確な理論が存在する場合が多い。その理論を実証的に受容するにせよまた棄却するにせよ，整合性水準は高く設定する必要があろう。多数の事例が利用可能であっても，発見型の研究の場合には必要な整合性水準は若干低くなるだろう。

◆ **多数データの場合の選定**

データ事例数が多数の時には，各事例について詳細な知識がない場合でも，fsQCAは統計分析を補完する手法として利用することができる。回帰分析など因果分析を行う通常の統計手法は，因果同質性を前提に加法的な線型モデルを基礎にしている。このため，独立変数（原因条件）が相互に複雑に関連して，それらの間の相関が高くなるときには各独立変数の効果を推定できないことが多い。fsQCAはこのような場合でも，因果複雑性の構造を明らかにして，統計分析では得られない知見を与えてくれる。

この種の分析では整合性の評価について，統計検定を利用することが必要になる。統計検定での有意水準はデータ数に感応度が高い。標本数が30未

表5.6 有意水準5％で統計検定をパスするのに必要な整合事例数

標本事例数	整合性 50%	65%	80%
5	5		
6	6		
7	7	7	
8	7	8	
9	8	9	
10	9	10	
11	9	11	
12	10	11	
13	10	12	
14	11	13	14
15	12	14	15
16	12	14	16
17	13	15	17
18	13	16	18
19	14	17	19
20	15	17	20
21	15	18	21
22	16	19	21
23	16	20	22
24	17	20	23
25	17	21	24
26	18	22	25
27	19	23	26
28	19	23	27
29	20	24	28
30	20	25	28

満の場合には，有意水準を高く設定すると，表5.6に示すように，有意水準5％といった通常の統計検定をパスするには，かなり高い整合性がなければならない。検証型の研究をする場合には，この種の整合性水準が要求される

けれども，発見型研究の場合には事例数が30未満の時には整合性水準や有意水準を切り下げてもよいであろう。なぜなら発見型研究のねらいは，注目すべき新しい因果事実の発見になるからである。

◆**少数データの場合の選定**

　事例データが少数の時には，統計検定による整合性の評価はそれほど有効ではない。事例データの少数性は，経営学の場合，その研究対象の本来的性格によって生み出される場合が多い。研究上関心のある産業には，すでに寡占化されているものが多い。だから企業数が限定される。先端的な消費者行動の場合も，そのような消費イノベータの数は少数である。興味深いベンチャー企業の数も限られている。観光に関心があるといっても，全国の主要観光地の数はせいぜい２〜３百しかない。このような研究分野の本来的性格によって事例数が限定され，有意検定を行うに十分な標本数を確保できない場合が多い。

　それだけではない。整合性についての統計検定手法は無限母集団を前提にしている。無限母集団とは標本になりうる人，組織体，事象の数が無限と考えてもよいほど多数あり，これらから繰り返し標本を抽出できる母集団である。これに対して，経営学が多大の関心を持つ対象はその数が極めて少ない有限母集団である。有限母集団である場合，整合性への通常の統計検定は難しい。したがって，事例数が少数の場合には，統計検定を伴わない頻度基準によって整合性水準を評価しなければならない。そのさいでも，検証型研究の頻度基準は発見型研究にくらべて幾分高めに設定されるだろう。

　QCAではデータが少数の場合に統計検定ができないことを個別事例についての詳細な情報・知識で補う。QCAの特質は各事例と真理表との直接的な対応関係にある。これにもとづき，事例において原因条件がどのように組み合わされて「結果」を生み出すのかに視点が注がれている。個別事例の詳細な知識によって，真理表分析の過程で発生する問題を処理し，また分析の

解の意味を十分に解釈しようとするのである。

　このような作業を行うにさいして，異なる整合性水準に対する「結果」の感応度分析が役立つことが多い。整合性水準を変えた場合に真理表の解がどのように変化するかを検討するのである。

3. 推論結果の検証

▶経路整合性と解整合性

　真理表分析が経験データによってどの程度に支持されるのか。これには整合性と被覆度の2側面がある。整合性は原因条件の各構成パターンが，「結果」への十分条件である点で，どの程度に整合的であるかを示した。因果関係を示す集合関係に意味があり，さらに検討する価値があるかどうか。整合性はこの点を示している。整合性は統計分析における有意性に似ている。

　表5.2のデータについて，事例がなく論理残余となる行11～16を除去し，また整合性水準を0.5％水準に設定して結果欄に数値を記入して得られる真理表に関して，fsQCAを利用して分析すれば，表5.7に示すような最簡解が出てくる。

表5.7　真理表分析の最簡解

論理式	素被覆度	固有被覆度	整合性
C	0.6	0.6	0.667
+A*~K	0.3	0.1	0.6
+A*S	0.3	0.1	0.6
解被覆度：1.0			
解整合性：0.667			

注：A=広く深い品揃え　S=高度接客対応　K=郊外型立地　C=明確な店舗コンセプト

3. 推論結果の検証

　この最簡解によれば，「結果」としての店舗忠誠Lを生み出す十分条件の解式は

$$C + A * \sim K + A * S \to L$$

である。論理演算記号＋（OR）で結ばれた3種の競争優位性条件がそれぞれ等しく，競合企業よりも一段と高い店舗忠誠を生み出す十分条件である。この等結果性により，高い店舗忠誠へは3つの代替的な因果経路がある。第1は店舗コンセプトの明確さ（C）であり，第2は郊外型立地をとらない（～K）場合に広く深い品揃え（A）を提供することであり，第3は広く深い品揃え（A）を高度接客対応（S）によって提供することである。これらのうちいずれかの条件があれば，高い店舗忠誠を生み出すに十分である。
　この解は大都市圏のような複雑で異質的な空間市場では，店舗忠誠は相互に代替的な3種の競争優位性によって達成できることを示している。大都市圏市場に共通するような，店舗忠誠のための一般的な競争優位性はなく，各店舗の商圏市場環境に依存して異なる優位性（原因条件）が店舗忠誠を生み出すのである。店舗の属性が競争優位に働くかどうかは，その店舗の商圏市場コンテキストに依存している。
　この解式はデータによってどの程度に支持されているのか。表5.7の最右欄に示す整合性は，各因果経路の整合性を示している。これは各因果経路を構成する原因条件を持つ事例のうちで「結果」としての高い店舗忠誠を示す事例の比率である。いずれの因果経路も60％以上の整合性を示している。最下行の解整合性は，解となった原因条件の構成，つまりC＋A＊～K＋A＊Sを示す事例のうちで，「結果」を示す事例の比率である。この解の原因条件パターンを示す事例の66.7％が高い店舗忠誠を示すのである。

▶十分条件の被覆度

◆クリスプ集合の被覆度

　データによる支持のもうひとつの側面は被覆度である。被覆度はひとつの原因条件あるいはその構成が「結果」を説明する程度である。これを見るために，条件Xによってどれくらいの結果Yが被覆されるかを見る。被覆とはどういうことを指しているのだろうか。

　図5.4を見てみよう。この図では結果Yと原因条件Xとの集合関係が左図と右図にそれぞれベン図で示されている。大きい円は結果Yを示す事例の集合であり，小さい円は原因条件Xを示す事例の集まりである。

　両図での結果集合Yの大きさ（事例数）は同じであるが，原因条件の集合Xの大きさ（事例数）はX_1とX_2では異なる。XがYの十分条件であるとき，XはYの円内に完全に入り，その部分集合になる。しかし，両図においてXはかならずしもYの十分条件とはいえない。Xの一部がYの範囲外にはみ出て不整合が生じているからである。図5.1で示したように，この整合性は，Xの円（b+d）領域に占めるb領域の比率である。この整合性に関しては左図と右図は同じであるように描かれている。

　両図の相違は原因集合Xの領域（事例数）の相違にあり，Y領域の大きさ

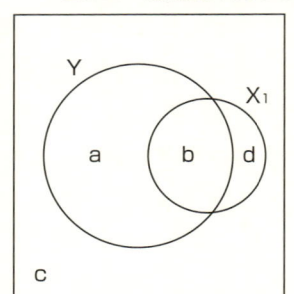

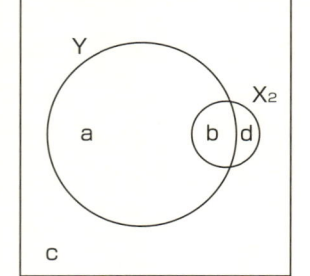

図5.4　被覆度の異なる2つの十分条件のベン図

が両図間で同じだから，Yに対するXの大きさが異なる。被覆度はこれにかかわるのである。つまり，集合Xによって被覆されるYの領域の大きさ（事例数）が異なる。被覆度は原因条件Xのうちで十分条件として整合性のある部分（b）が結果集合Y（a+b）に占める程度である。Xの集合の規模が小さくなると，この程度は小さくなる。YについてのXの被覆度の計算公式はルール5.5のようになる。

クリスプ集合での被覆度の計算式　　　　　　　　　　　　　ルール5.5

$$Yの十分条件としてのXの被覆度 = \frac{X=1でかつY=1になる事例数}{Y=1になる事例数}$$

◆**ファジイ集合の被覆度**

ファジイ集合の場合に被覆度を計算するにはXYプロットを使わねばならない。図5.5には整合性が同じく0.886のふたつのXYプロット図が示されている。Xが十分条件であれば，X≦Yになる事例が増える。整合性の場合と同じように，対角線からどの程度離れているかも考慮すると，ファジイ集合の場合の被覆度の計算公式は次のようになろう。事例iのX_iかY_iのいずれか小さい値，つまりmin（X_i, Y_i）の全事例の総和をとり，それをY_iの総和で割ればよい。

ファジイ集合での被覆度の計算式　　　　　　　　　　　　　ルール5.6

$$十分条件(X_i \leq Y_i)の被覆度 = \frac{\sum_{i=1}^{I} \min(X_i, Y_i)}{\sum_{i=1}^{I} Y_i}$$

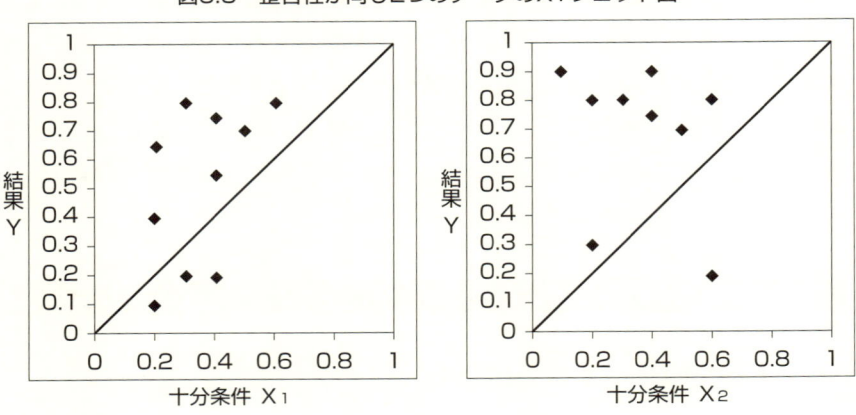

152　第5章　データは推論をどう支持しているか

図5.5　整合性が同じ2つのデータのXYプロット図

　この公式を使って計算すると，左図の被覆度は0.602で，右図の被覆度は0.481である。対角線より左上方の事例数が増え，対角線から離れれば離れるほど，被覆度は小さくなる。対角線より左上方の事例は$Xi \leq Yi$になる度合いが大きい。被覆度公式の分子の総和には貢献しないが，Yiの値が大きいから分母を大きくする。このため，被覆度がより小さくなるのである。
　被覆度計算については注意すべき点がひとつある。それは不整合な事例も含めて計算すれば，被覆度が上がることである。この影響を小さくするため，計算にさいしては前もって整合性水準をある水準以上にあげて，対角線下方の事例数を少なくする必要がある。被覆度計算に先立って整合性水準の検証を行い，これとの兼ね合いで被覆度を解釈しなければならない。

▶素被覆度，固有被覆度，及び解被覆度

　表5.7には素被覆度，固有被覆度，及び解被覆度という3種の被覆度が示されている。これらはルール5.7に示すようなものであるが，表5.7の分析結果が等結果性を示すことに対応したものである。

3種の被覆度		ルール5.7
素被覆度	「結果」（＝1）を示す事例数のうちで，それぞれの十分条件経路を示す事例によって占められる比率。	
固有被覆度	「結果」（＝1）を示す事例数のうちで，特定の十分経路だけによって占められる比率。複数の十分経路を示す事例を除いている。	
解被覆度	「結果」（＝1）を示す事例のうちで，解式を示す事例が占める比率。	

◆**素被覆度**

　店舗忠誠を生み出す解式はC＋A＊～K＋A＊Sであるから，CあるいはA＊～KあるいはA＊Sが同じように店舗忠誠を生み出す経路となり，等結果性を示している。素被覆度はこれら3種の経路それぞれの被覆度である。Cの被覆度＝0.6という数値は，高い店舗忠誠を示す事例の60％が明確な店舗コンセプトCを持っているということである。これに対して他のふたつの経路の被覆度はともに0.3であり，その重要性は低くなる。

◆**固有被覆度**

　各因果経路の重要性を評価するには，各因果経路の固有被覆度も検討する必要がある。固有被覆度は「結果」のどれくらい多くが特定の経路のみによって被覆されるかを示す。固有被覆度が必要になるのは，複合経路間で事例の重複が発生するからである。十分性の解式は各項が論理和（＋）で連結され，「あるいは」の関係にある。だから同じ事例がひとつ以上の十分条件経路の成員になることが可能である。特定経路のみによる被覆度を見るには，この重複を除去する必要がある。

　表5.6の最簡解ではA＊～KとA＊Sの間で事例の重複がある。だからその固有被覆度は0.1という数値になって素被覆度から大幅に低下している。

◆解被覆度

最後に、解被覆度はC＋A＊〜K＋A＊Sという解全体の被覆度である。0.667という数値は、高い店舗忠誠を示す事例の66.7％がこの解式の集合の成員であることを示している。

◆被覆度のベン図

以上のことをベン図で示すと図5.6のようになる。3つの円は解の各項の条件を示す事例の集合である。円内には高い店舗忠誠という結果を示す事例がある。円内の数値はそれぞれの領域の固有被覆度であり、高店舗忠誠を示す事例総数を1とした場合の比率である。100倍すれば％になる。事例X_2とX_3の和集合の内で半分は重複部分である。X_2とX_3の固有被覆度が素被覆度にくらべて低くなるのはこのためである。

このような被覆度はすべて前述の被覆度公式で計算されている。ただこの公式でのXの内容はそれぞれ異なっている。たとえば条件Cの計算ではXの内容は条件C＝1でかつ結果＝1の事例である。固有被覆度は解被覆度から、問題になる経路を除く残りのすべての経路の被覆度を差し引いて計算されて

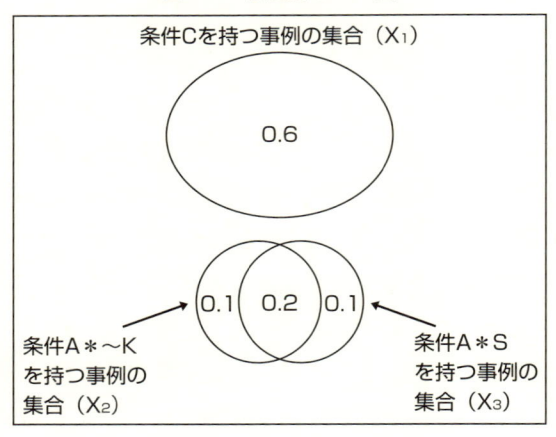

図5.6　被覆度のベン図

条件Cを持つ事例の集合（X_1）　0.6

条件A＊〜Kを持つ事例の集合（X_2）　0.1　0.2　0.1　条件A＊Sを持つ事例の集合（X_3）

いる。たとえば，

$$Cの固有被覆度 = 解被覆度 - (A * \sim K + A * S)の被覆度$$
$$= 1 - 0.4$$
$$= 0.6$$

以上のような被覆度はfsQCAによる真理表分析の「結果」として出力される。

　固有被覆度は結果を被覆する上での特定経路固有の貢献である。整合性は部分集合関係が存在するかどうかにかかわるから下限がある。一方，被覆度は部分集合関係が重要であるかどうかにかかわるから下限はない。被覆度が低い場合でも，重要な理論的内容を持つ場合があるので，固有に被覆されている事例を詳細に検討することが必要になる。

4. 必要条件の整合性と被覆度

　整合性と被覆度は以上のように十分条件についてだけでなく，必要条件についても計算できる。ただその計算公式は少し異なっている。十分条件の場合には，原因条件Xの集合は結果集合Yの部分集合である。ところが，必要条件の場合には，原因条件Xは結果集合Yの上位集合であり，結果集合Yが原因条件集合Xの部分集合になる。この対称性が計算公式の相違を生み出すが，計算の基本的な考え方は同じであるので，公式のみを示しておくことにしよう。

▶必要条件の整合性

　十分条件の整合性公式と比較すれば，必要条件の整合性では分子は同じであるが，分母はXの代わりにYが入る。十分条件と必要条件ではXとYの集合関係が逆転するからである。

必要条件の整合性計算式 　　　　　　　　　　　　　　　　ルール5.8

クリスプ集合の場合：

$$\text{Yの必要条件としてのXの整合性} = \frac{\text{X=1でかつY=1になる事例数}}{\text{Y=1になる事例数}}$$

ファジィ集合の場合：

$$\text{必要条件}(X_i \geq Y_i)\text{の整合性} = \frac{\sum_{i=1}^{I}\min(X_i, Y_i)}{\sum_{i=1}^{I}Y_i}$$

▶必要条件の被覆度

ルール5.9に示す必要条件の被覆度の場合にも同じことが起こる。計算公式の分子は十分条件の場合と同じである。しかし，式の分母では整合性の場合と同じようにXとYの集合関係の逆転を反映して，YにかえてXが登場することになる。

必要条件の被覆度計算式 　　　　　　　　　　　　　　　　ルール5.9

クリスプ集合の場合：

$$\text{Yの必要条件としてのXの被覆度} = \frac{\text{X=1でかつY=1になる事例数}}{\text{X=1になる事例数}}$$

ファジィ集合の場合：

$$\text{必要条件}(X_i \geq Y_i)\text{としてのXの被覆度} = \frac{\sum_{i=1}^{I}\min(X_i, Y_i)}{\sum_{i=1}^{I}X_i}$$

必要条件の被覆度数値の解釈に関しては，十分条件被覆度の解釈とは異なる点に注意が必要である。十分条件被覆度は，結果Yの一定領域に占める条件X領域の占める比率によってXの重要度を問うものであった。これに対して，必要条件の被覆度は原因条件Xの領域に占めるY領域の比率を問うものである。しかし，Xが必要条件としての整合性水準を満たしているならば，まさに必要条件であることによって，Xは常にYの全事例を完全に含むものになる。こうして必要条件被覆値は原因条件Xの大きさ（事例数）に依存して変動する。必要条件被覆度はXが大きくなると小さくなり，Xが小さくなると大きくなる。

したがって必要条件被覆度は被覆というより，むしろ原因条件の関連性あるいは自明性を問うものになっている。たとえば，上例の都市圏流通業事例で原因条件として流行品品揃えの有無を取り上げるならば，それが必要条件の整合性水準を満たしても，Xが大きくなるからXの必要条件被覆度数値は小さくなるという自明の結果が出る。またXとYの大きさがほぼ近接するときには必要条件被覆度が大きくなるという自明の結果が出る。必要条件被覆度の結果の解釈にさいしては，これらの自明な必要条件ではないかどうかに細心の注意を払わねばならない。

補論：二項検定と正規検定

　統計分析で，母集団（population）とは，研究者が記述したり一般化したいとおもう人，組織体，事象などの集まりである。母集団について一般化するために，統計分析では，母集団すべてではなく，それを代表する標本（sample）を研究することがよく行われる。日本の消費者（母集団）について知るために，たとえば1000人の標本調査を行うなどはその例である。

　この標本についての比率や平均などの特徴が偶然によって生じたものか，あるいは母集団でも当てはまるのか。標本で観察された特徴が偶然に生じてものではないとき，その標本結果は「有意」であるといわれる。有意性とは調査発見物に意味があり重要になる程度である。標本での特徴の統計分布をもとに，この有意性を確かめる有意検定が推測統計学の主要課題である。二項検定や正規検定もそれらのひとつである。

▶二項検定

　二項検定では，確証事例の観察確率を確証事例の期待確率にてらして評価する。確証事例の期待確率 p とは，たとえば研究者が選んだ 0.5, 0.65, 0.80 といった頻度基準である。これらの期待確率がデータを収集した母集団での確率であると想定した場合，その母集団から採られた N 個の標本で r 個の確証事例 X が観察できる確率 $P[X = r]$ はどれくらいか。これは初等統計学で学ぶ二項分布の公式によって計算できる。

| 二項分布の公式 | ルール5.10 |

$$P[X = r] = \binom{N}{r} p^r q^{N-r}$$

N=試行回数（標本事例数），r＝成功数（確証事例数），p＝成功率（期待確率），q＝1－p

$\binom{N}{r}$ はN個からr個を選ぶ組み合わせの数である。つまり，

$$\binom{N}{r} = {}_NC_r = \frac{N!}{r!(N-r)!}$$

たとえば，ある真理表行で10個の事例があり，その内の8事例が結果1を示す確証事例であった。研究者がこれが「通常は十分」条件かどうかを検討するために，期待確率を0.65に設定したとしよう。これが母集団での確証事例の確率であるならば，10回の試行回数で8以上の確証事例が出現する確率はどれくらいか。これが二項検定の問いである。

この確率計算は，エクセルで二項分布の確率を計算するためのBINOMDIST関数を使えば簡単である。つまりエクセルのセルに

　　=BINOMDIST(成功数, 試行回数, 成功率, FALSE)

と入力すればよい。FALSEは確率密度関数を計算せよという指示である。期待確率が0.65であるとき，10個の事例で8個の確証事例は0.176の確率で，また9個の確証事例は0.073の確率で，そして1個の確証事例は0.014で現れる。これらを集計すると8個以上の確証事例が現れる確率は0.262になる。これは通常，統計分析で有意水準として設定される0.05（5％）をはるかに超える。だから研究者はこのデータを「通常は十分」条件とは見なさないであろう。

二項検定では観察された確証事例数を超える確証事例数についても，それ

らの二項確率を計算してそれらを集計しなければならない。確証事例数以上の確率の計は一般にp値と呼ばれ，統計学テキストの付録にある数表などに示されている。この計算はまたエクセルを使えば簡単である。

二項確率分布でのp値の計算法　　　　　　　　　　　　　　ルール5.11

　　p値＝1－BINOMDIST（成功数－1の数値, 試行回数, 成功率, TRUE）
たとえば，上例ではセルに
　　＝1－BINOMDIST（7, 10, 0.65, TRUE）
を入力すれば，0.262が得られる。TRUEは戻り値を累積分布関数にする指示であり，成功数未満の成功が得られる確率が計算される。

▶Z検定

事例数が30以上になり多数であるときには，二項分布は正規分布に近づくから，標準正規分布によるZ検定を使う。その手続きは次のようになる。

Z検定の仕方　　　　　　　　　　　　　　　　　　　　　　手順5.1

1. 期待確率として，0.80（80％），0.65（65％），0.50（50％）のいずれかを選択する。観察比率が期待確率以下であるという帰無仮説を設定し，対立仮説は観察比率が期待比率を超えるとする。
2. 観察比率と期待比率の差を評価するため，次式でZ値を計算する。[4]

$$Z = \frac{(P-p) - \frac{1}{2N}}{\sqrt{\frac{pq}{N}}}$$

　　P＝確証事例の観察比率
　　p＝確証事例の期待比率
　　N＝その因果条件を示す事例数

3. 有意水準をたとえば5％に設定し，このために必要なZ値を確認し，計算したZがこの値を超えていれば，帰無仮説を棄却し対立仮説を採用する。

---

4) Ragin, C.C., *ibid.*

Z値の公式は，期待比率の標準誤差に対して観察比率が期待比率を超える程度を評価している。計算は期待比率よりも大きくなるような観察比率にもとづき行われており，連続性のための補正項1/2Nを含んでいる。この点で通常のZ値式とは異なる。事例数Nが大きくなると式の分母は小さくなるので，Z値はそれだけ大きくなる。

計算例をあげよう。事例数N = 10で，観察比率P = 0.9の時，このことは期待比率の0.65を超えており「通常十分」条件といえるだろうか。有意水準5％での片側検定のZ値は1.64，10％水準の場合には1.28である。これらのZ値はエクセルのセルに

　　=NORMSINV(0.95)
　　=NORMSINV(0.9)

などと入力すればすぐに出てくる。NORMSINV（確率）は，標準正規分布における特定確率に対する累積分布関数の逆関数値を求めるエクセル関数である。

観察比率が期待比率よりも大きいことを有意水準5％（信頼度95％）で主張するには，上述公式によるZの計算値が1.64を，また有意水準10％（信頼度90％）の場合には1.28を超えねばならない。公式を使って計算すれば，

$$Z = \frac{(0.9 - 0.65) - \frac{1}{2 \times 10}}{\sqrt{\frac{0.65 \times 0.35}{10}}} = 1.326$$

になる。この数値は1.28より大きいが1.94よりは小さくなり，10％水準で有意であるが，5％水準では有意ではない。したがって，この原因条件は10％水準（信頼度90％）で「通常十分」条件と主張することができる。

第**6**章

真理表の解は
何を意味するのか

QCAに特有の視角は，データ行列を行の方から見ることである。この方向から見ると，事例（標本）は原因条件の構成（組み合わせ）として全体的に認識される。真理表はこの構成パターンの相違によって事例を編集し，真理表の各行に帰属させる。構成パターンの数は原因条件の数に依存するが，少数でも多くのパターンができる。原因条件があるかないかの2値でも，原因条件が5つあれば，論理的に可能なパターン数は$2^5 = 32$になる。

経営学のような社会科学の領域では，現実に観察できるパターン数は，論理的に可能な数をほとんど常に下回り，「限定された多様性」と呼ばれる事態が発生する。真理表はこの事態を観察事例が存在しない「論理残余」行として表している。この「論理残余」行の「結果」について，存在する（＝1）か存在しない（＝0）か，いずれかの想定を置けば，それに対応した真理表の解が出てくる。これらの想定は経験データにもとづいていないという意味で反実想定である。

その解の内容は反実想定をどのように置くかによって大きく変わる。「論理残余」が4つあっても，それらの「結果」想定パターンは$2^4 = 16$になる。QCAの「標準分析」はこれらの多様な解を整理して，複雑解，中間解，最簡解という3種の解に絞り出力するのである。これらの解の意味を理解することにより，分析結果の解釈ができるようになり，事例分析も深まる。以上のことから，本章の学習目標は次の点を理解することになる。

● 論理残余についての想定と解はどのような関係にあるか。
● 解を絞り込むさいのQCAの「標準戦略」はどのようなものか。
● 複雑解，中間解，最簡解はそれぞれ何を意味するのか。それらのうちのどれを選択すればよいのか。

1. 論理残余の重要性

▶限定された多様性

◆限定された多様性とは

　他の社会科学の対象領域と同じく，経営世界でも原因条件の論理的に考えられる構成（組み合わせ）の一部しか観察できない。これは観察事例数が論理的な構成パターン数よりも大きい場合でも生じることである。この事態を具体的に詳しく見るために，地域ブランドがどのような原因条件によって全国ブランド化するのかの調査事例を取り上げてみよう。

　全国各地の著名菓子についてデータが入手できる22の事例を取り上げてみよう。詳細は後述するが，この研究では「結果」は全国ブランド化であり，その原因条件として品質，商業広告，そして流通到達度が取り上げられた。これらの条件について一定の閾値を超えると，全国ブランド化に貢献するかどうかを探ろうとしたのである。

　fsQCAは，22事例のデータ行列（表6.2）から表6.1のような真理表を示した。条件下の数値1は基準値を超え，その条件で優位性があることを意味し，0はそうでないことを示す。同様に，全国ブランドの列の1は全国ブランド化していることを示し，0はそうでないことを示している。

　原因条件数は3であり各条件は2値であるから，その構成パターン数は2^3 = 8である。真理表の各行がこれに対応している。観察事例数は22で8よりはるかに多いけれども，観察できた原因条件構成は，論理的に可能な構成のすべてに対応していない。論理的に考えられる原因条件の多様性は，経験データでは限定されている。真理表行の中には事例データの存在しない行や，あるいは事例数があまりにも少ないので，研究者が経験的証拠として認めてよいかどうか迷う行が発生する。

表6.1　全国ブランド化の真理表

行コード	品質Q	商業広告A	流通到達度D	事例件数	全国ブランド	整合性
1	0	0	0	12	0	0.66
2	1	1	1	8	1	0.82
3	1	1	0	1	1	0.84
4	0	1	1	1	1	0.87
5	1	0	1	0		
6	1	0	0	0		
7	0	1	0	0		
8	0	0	1	0		

経験的証拠として利用できる条件構成数は，論理的に可能な構成数を下回っている。この事態が「限定された多様性」である。論理的な可能性が経験世界では一部に限定されているのである。事例データが十分でない行は論理残余（logical reminder）と呼ばれる。論理残余行については，その行の「結果」値が1か0かを判断できない。その原因条件構成が「結果」の十分条件かどうかを，データだけから判断することができない。つまり，

限定された多様性と論理残余　　　　　　　　　　　　　　ポイント6.1

➤ **限定された多様性**　事例データに見られる原因条件の構成数が，論理的に可能な構成数より少ない。
➤ **論理残余**　原因条件構成が論理的に可能であるが，十分な事例データがない真理表行。

◆**限定された多様性の発生理由**

比較事例研究では，限定された多様性は異常な事態ではない。むしろ常態である。なぜ限定された多様性が生じるのだろうか。限定の型には次のようなものがある。[1]

---

1) Schneider, C.Q. and C. Wagemann, *Set-Theoretic Methods for the Social Sciences: A Guide to Qualitative Comparative Analysis*, Cambridge University Press, 2012.

まず数量型の限定がある。これは観察事例数が論理的に考えられる条件構成パターンよりも少ないときに生じる。比較事例研究では，データの事例数が少数であるにもかかわらず，研究者がしばしば多くの原因条件を考慮に入れることがよくある。わずか5個程度の原因条件を考えても，その異なる構成数は$2^5 = 32$である。真理表行にひとつずつ事例が必要な場合でも，事例数は32になる。少数事例で多くの原因条件を考えようとすれば，まずこのような数量型の多様性限定に直面することになる。

次に，クラスター型の限定がある。これは制度的な制約により，原因条件構成がいくつかのタイプに制約されるときに生じる。原因条件が法規制，文化，社会慣習などの歴史的所産として生まれることはよくある。たとえば，コンビニでは24時間営業が可能であったが，ある一定規模以上の大型店はその営業時間を厳しく規制されていた。この間における長期的成長率など企業成果の原因条件として，大型店と24時間営業という原因条件の組み合わせは論理的には可能でも，実際には不可能な組み合わせであった。

また女性重役の存在は日本企業では極めて数少ない。だからこれを原因条件に組み入れた研究では，その存在を含む組み合わせの事例数が極めて少数になる可能性が高い。同じことは贅沢消費などの消費行動を「結果」とし，若者層や高所得層であるかどうかを原因条件として組み入れた研究を考えてみよう。この種の研究では，若年層と高所得層という組み合わせ事例は極めて少なくなるはずである。

原因条件に以上のような制約があるときには，観察できる事例は一塊（クラスター）になって，いくつかの事例タイプに集中することになる。この裏面は事例の存在しない真理表行が多く発生するということである。

不可能型の限定もある。不可能とは経験世界では不可能だということである。それは経営的にあるいは技術的に，一方が存在すれば他方は存在しえない相互背反的な関係が原因条件間にあるとき生じる。たとえば，店舗忠誠の

原因条件の中に価格訴求と高度接客対応を含んでいるとしよう。

　価格訴求のためにはあらゆる経費をできる限り削減しなければならない。だから廉売店ではパート時給が安い従業員を雇う。高級専門店では高度接客対応を支える人材として容姿，人柄，商品知識が優れた人材を雇用する。廉売店が雇用している人材では高度接客対応は担えないからである。こうして，高度接客対応と価格訴求を同時にかね備えた店舗タイプの事例は極めて数少なくなる。

　さらに不可能型の限定は，もともと連続的な1変数からふたつの原因条件を作る場合にも生じる。たとえば，消費者行動の研究で中年層には関心がなく，若者層と高齢層にのみ関心があるとしよう。この場合，若者層であるかどうか，高齢層であるかどうかというふたつの原因条件が設定されることになる。しかし原因条件の組み合わせとして，若者層であるとともに高齢層であるような消費者は存在しえないから，これを含む条件組み合わせに事例はなくなる。

▶事例：地域名産品の全国ブランド化　上手くいかない統計分析

◆論理残余への挑戦

　比較事例による因果推論では，論理残余はもっとも重要な問題のひとつである。たんに論理残余がほとんど常に発生し，それに何らかの想定を置かなければ真理表の解を導出できないというだけではない。論理残余に研究者がどのような想定を置くかによって，真理表の解，つまり「結果」を生み出す因果図式が変わってくるからである。どのような原因条件構成が「結果」の十分条件になるのか，これが論理残余にどのような想定を置くかによって変わってくる点が重要だ。

　論理残余は現実には存在しないか，あるいは観察できないという意味で反事実的である。しかし論理残余の「結果」について何らかの反実想定を置かないと真理表の解を導出することができない。QCAがこの難問に挑戦しよ

うとする理由は，それを解決しないと，スモールデータの中に存在する因果複雑性の世界を解明できないからである。

◆**統計分析の失敗**

因果複雑性が支配するスモールデータの例として，地域ブランドの全国ブランド化という事例を取り上げてみよう。地域特産品は地域ブランドとも呼ばれ，その産地の人々の誇りのひとつでもある。観光客が来れば，それを推奨し，知人・友人に贈ったりする。産地の人々は，地元（都道府県）での常用率が高ければ，全国常用率も高くなることを期待している。全国ブランド化を期待するのである。

しかし，菓子についてデータが利用可能な22事例について全国常用率と地元常用率の散布図を見ると，図6.1のようになり，このような期待は見事に裏切られる。相関係数は0.091と極めて低く，両者の間にはほとんど関連がない。通常の期待は，地元常用率が高い菓子ほど，全国常用率も高くなると期

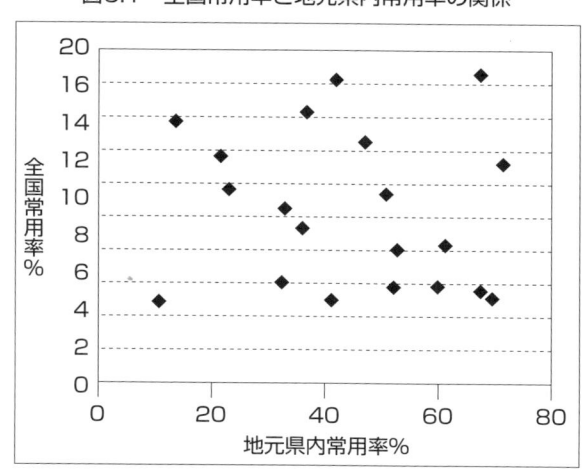

図6.1 全国常用率と地元県内常用率の関係

出所：日経リサーチ「地域ブランド戦略サーベイ」2010年。

待するだろうが，そうなってはいない。この理由は，地元で常用率は低くても全国ブランド化するものがある一方で，地元で常用率が高くても全国ブランド化しない菓子が存在するからである。

　それでは，全国ブランド化はどのような原因条件によって達成されているのだろうか。この点を確かめるための通常の統計手法は回帰分析である。まず，従属変数としての全国ブランド化を次のように指標化する。購買頻度など商品の性格によって常用率は影響されるから，その影響を除去するため比率をとっている。

全国ブランドB＝全国常用率／地元（産地都道府県）常用率

マーケティングのやり方を原因条件と考えると，その中心活動である品質Q，商業広告A，流通到達度Dが独立変数になる。これらのデータは表6.2のデータ欄に示されている。

　回帰分析の結果は，以下に示すように，上手くいかない。決定係数が示す説明力は6.7％であるだけでなく，t検定によると回帰係数がゼロであるという仮説を棄却できない。さらに品質Qや商業広告Aの回帰係数の符号がマイナスになるという，マーケティング理論からいえばまったく納得できない結果となっている。

　これらの推定結果は，標本数が統計分析には少なすぎること，また独立変数間に高い相関があることによって生じたものである。3つの独立変数は，回帰分析の線形加法モデルが想定するような独立の効果を全国ブランド化に及ぼしていない。スモールデータで因果複雑性に直面すると，原因条件の独立の効果を想定した線形加法モデルによる統計分析はまったく無力である。

1. 論理残余の重要性

表6.2 地域ブランド・データとそのファジィ・成員スコア

商品	データ 全国ブランド B	データ 品質 Q	データ 商業広告 A	データ 流通到達度 D	成員スコア 全国ブランド B	成員スコア 品質 Q	成員スコア 商業広告 A	成員スコア 流通到達度 D
長崎カステラ	0.25	16.4	31.4	72.8	0.6	0.9	0.7	0.7
小城羊羹	0.08	3.4	13.5	23.7	0.2	0.3	0.2	0.1
萩の月	0.15	8.1	22.6	55.8	0.2	0.6	0.6	0.4
赤福餅	0.28	12.1	38.5	82.2	0.6	0.9	0.9	0.7
笹団子	0.14	4.5	10.9	35.7	0.2	0.3	0.2	0.3
白い恋人	0.31	13.7	45.2	103.3	0.6	0.9	0.9	0.9
鹿児島名産かるかん	0.10	6.3	19.4	44.5	0.2	0.4	0.4	0.3
もみじ饅頭	0.19	8.2	30	75	0.4	0.6	0.7	0.7
梅ヶ枝餅	0.08	3.4	15	40	0.2	0.3	0.4	0.3
草加せんべい	0.32	6.9	16.1	44.9	0.6	0.4	0.4	0.3
鳩サブレー	0.45	7.6	22.3	68.7	0.8	0.6	0.6	0.6
京都八ツ橋	0.44	13.3	37.4	91.2	0.8	0.9	0.9	0.9
羽二重餅	0.11	4.3	11.5	32.8	0.2	0.3	0.2	0.3
名古屋ういろ	0.19	7.1	31.9	66.5	0.4	0.6	0.7	0.6
ぬれ煎餅	0.51	5.7	12.1	41.3	0.8	0.4	0.2	0.3
安倍川もち	0.26	4.3	12.8	38.5	0.6	0.3	0.2	0.3
ちんすこう	0.23	5.2	23.5	82.2	0.4	0.3	0.6	0.7
東京ばな奈	1.18	7.3	33.8	78.9	1	0.6	0.7	0.7
人形焼	0.64	4.7	14.6	56.2	0.8	0.4	0.4	0.4
いきなり団子	0.07	5.8	15	34	0.2	0.4	0.4	0.3
吉備団子	0.12	4.6	18.4	37.9	0.2	0.3	0.4	0.3
岩おこし	0.47	2	17.5	30.6	0.8	0.1	0.4	0.3

注：・全国ブランドB＝全国常用率／地元(産地都道府県)常用率
　　・品質Q＝品質を評価する消費者の比率％
　　・商業広告A＝パンフレット，テレビ，インターネット，雑誌，新聞，交通での広告に接触した消費者比率％の計
　　・流通到達度D＝小売店，物産展・フェア，アンテナショップ，お土産受領など各種販路での消費者の商品獲得比率％の計
データ源：日経リサーチ「地域ブランド戦略サーベイ」，2010年。

回帰分析の結果

$$B = 0.071 - 0.028Q - 0.001A + 0.008D$$
$$(1.142) \quad (0.083) \quad (1.401)$$

自由度調整済み決定係数 $\overline{R}^2 = 0.067$
括弧内数字は t-検定量の絶対値

▶論理残余への想定で異なる解

　論理残余の問題は上述の回帰分析では，線形加法モデルの想定によってはじめから生じない。それはQCAのように，因果複雑性をはじめから想定して，原因条件の組み合わせによって「結果」が生じると見なす場合に，初めて生じる問題である。問題の内容をさらに詳しく見てみよう。

◆論理残余と解の関係

　統計分析の失敗を克服するため，データを成員スコアに変換（表6.2の成員スコア参照）した上で，ファジィ集合によるQCAを試みよう。成員スコアへの変換は筆者判断による。参照の便宜上から下に再掲した，表6.1の真理表はfsQCAでファジィ真理表アルゴリズムを適用した結果である。原因条件数は3つであるから，それらの論理的な構成数は $2^3 = 8$ である。

表6.1　真理表（再掲）

行コード	品質Q	商業広告A	流通到達度D	事例件数	全国ブランド	整合性
1	0	0	0	12	0	0.66
2	1	1	1	8	1	0.82
3	1	1	0	1	1	0.84
4	0	1	1	1	1	0.87
5	1	0	1	0		
6	1	0	0	0		
7	0	1	0	0		
8	0	0	1	0		

限定された多様性によって，観察事例数は行1～4に集中している。行5～8で示される原因条件の構成に関しては事例がない。つまり論理残余である。各論理残余行で全国ブランドの欄の数値は1か0のどちらか。つまり各論理残余行が示す原因条件の構成は，全国ブランド化という「結果」を生み出す十分条件として働くのかそうでないのか。それらについての想定は論理残余については経験データがないので，反実想定である。

　論理残余行数は4であり，各行の結果（全国ブランド）は0か1かの2値である。論理可能性だけからいえば，論理残余行の「結果」（全国ブランド）の想定パターン数は，$2^4 = 16$である。これらの反実想定パターンについて真理表の論理簡単化を行えば，表6.3に示すような全国ブランドの十分条件の解が得られる。

　たとえば，想定パターン・コードaのように，論理残余行5～8のすべて「結果」を生み出すと想定すれば，十分条件の論理式はQ＋A＋Dであり，品質，商業広告，あるいは流通到達度のいずれかで優れていれば，全国ブランド化ができる。

◆**標準分析の戦略**

　しかし表6.3が示す重要な特質は，論理残余についての反実想定パターンによって，十分条件の解がすべて異なることである。この点に，真理表分析にさいしての論理残余の想定の重要性が示されている。どのような反実想定を置いて，真理表の論理簡単化を行い解を導けばよいのか。言い換えれば，真理表分析のどの解を重視して，その「結果」の意味をさらに考察していけばよいのだろうか。これが論理残余によって生じる問題である。

　論理残余が増えると，反実想定パターンは飛躍的に増加し多様な解が現れる。それらの分析は極めて煩雑な作業になるだけでなく，どの解に注目すべきかも見つけにくくなる。fsQCAではこの問題をどのように処理しているのか。同ソフトの「標準分析」（Standarad Analysis）がその代表的な解答である。「標準分析」は，表6.3のような多様な解を示す代わりに，その意味を検討

174 第6章 真理表の解は何を意味するのか

表6.3 論理残余行への想定パターンと十分条件の解

想定パターン・コード	\multicolumn{4}{c	}{表6.1の下記論理残余行の全国ブランドの想定}	全国ブランド十分条件の解式
	5	6	7	8	
a	1	1	1	1	Q+A+D
b	1	1	1	0	Q+A
c	1	1	0	1	Q+D
d	1	1	0	0	Q+A*D
e	1	0	1	1	A+D
f	1	0	1	0	A+D*Q
g	1	0	0	1	D+Q*A
h	1	0	0	0	Q*A+Q*D+A*D
i	0	1	1	1	A+〜Q*D+Q*〜D
j	0	1	1	0	A+Q*〜D
k	0	1	0	1	Q*〜D+〜Q*D+Q*A+A*D
l	0	1	0	0	Q*〜D+A*D
m	0	0	1	1	A+〜Q*D
n	0	0	1	0	A
o	0	0	0	1	〜Q*D+Q*A
p	0	0	0	0	Q*A+A*D

すべき解として，最簡解，中間解，複雑解という3種の解だけを出力する。表6.1について「標準分析」を行えば，

  最簡解 A

  中間解 Q*A+A*D

  複雑解 Q*A+A*D

が出力される。このデータの場合，中間解と複雑解が同じになっている。最簡解は表6.3の想定パターンnの解に同じであり，中間解と複雑解は想定パターンpと同じである。

 最簡解，中間解，複雑解はそれぞれどのような特徴を持っているのだろう

か。これを知るには，これらの解が，表6.3の多様な解の中でどのような位置を占めているかを確認すればよい。このために，表6.3の多様な解の関連を次に見ておこう。

2.「標準分析」の解の特質
▶論理残余想定が生み出す種々の解の関連
◆集合関係での複雑解の位置

　16種の解の間には，集合関係と複雑性の点で，密接な関連がある。「標準分析」の3種の解の位置はこの関連を見れば明らかになろう。まず集合関係から見ていこう。

　想定パターンpの解には特別な意味がある。この解は経験データのみから導出されている。その特徴は，論理残余についていかなる反実想定も置いていない点だ。この種の解がfsQCAで複雑解と呼ばれている。この解の領域を原因条件のベン図で示すと図6.2の塗りつぶし部分である。

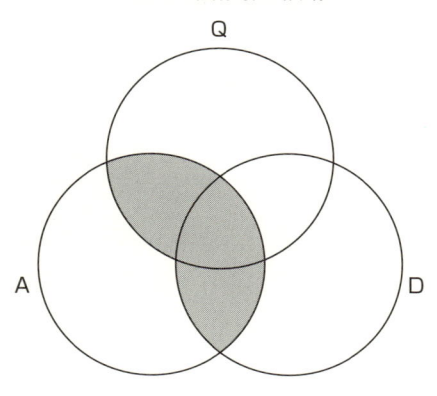

図6.2　複雑解の領域

集合関係から見ると，この複雑解には次のような重要な特質がある。まず，この複雑解は観察事例（表6.1の行2，3，4）の原因条件をすべて含んでいる。原因条件は行2でQかつAかつD，行3でQかつA，そして行3でAかつDだからである。次に，表6.3の想定パターン・コードa〜oの解はすべてこの複雑解の上位集合であり，複雑解を部分集合として含んでいる。これらのことから，表6.3の多様な解について，重要な結論が得られる。それはa〜pのいずれの解も，観察事例が示す経験的証拠に矛盾しないということだ。

集合関係で次に注目すべきは，表6.3の想定パターンaの解である。このパターンでは論理残余のすべてが「結果」の十分条件であると想定している。この想定はパターンpの対極にある。このため，パターンaの解は残りのすべての解の上位集合になる。パターンpとaの両極の間で残りの解は，それぞれ他の解との間で多様な上位集合・部分集合関係にある。

要約すると，解の間の関係はポイント6.1のようになる。

論理残余の想定パターンによる解の間の集合関係　　　ポイント6.2

➤ 複雑解は，論理残余についていかなる想定もしない（「結果」＝0）ことで得られる解である。この解は残りのすべての解の部分集合である。
➤ 論理残余のすべてを十分条件だと想定（「結果」＝1）すると，その解は残りのすべての解を部分集合として含む上位集合である。
➤ これらの両極の間で，残りの解は相互に上位集合・部分集合関係にある。

◆**複雑性から見た最簡解の位置**

表6.3の16種の解は，その複雑性の点でも相互に異なっている。解が複雑になればなるほど，より多くの原因条件と演算子を含むことになる。もっとも複雑な解（パターンk）は，Q＊〜D＋〜Q＊D＋Q＊A＋A＊Dであり，3種の原因条件と多くの演算子を含んでいる。一方，パターンnの解は商業

広告Aを含んでいるだけで，もっとも複雑でない。「標準分析」でいう最簡解は，このようなすべての解の中でもっとも複雑でない解のことである。主項（prime implicant）が複数あるときには，最簡解はひとつとは限らない。

重要なことは，この複雑性という側面が集合関係とは別の側面であるという点だ。[2] 複雑性という点から見てもっとも複雑な解は，集合関係でいう複雑解のように，他の解の部分集合にかならずしもなっていない。また，最簡解はかならずしも他の解の上位集合ではない。複雑性という側面から見た，もっとも複雑な解や最簡解は，集合関係における解の両極の間のどこかに位置している。両極とは論理残余の「結果」をすべて1とするか，あるいはすべて0とするによって得られる解である。

▶「標準分析」の戦略

真理表分析の効率化を図るために，「標準分析」は考慮すべき論理残余行を大幅に削減する節減戦略を採用している。それは検討すべき解を複雑解，最簡解，及び中間解の3種に限定することである。複雑解は，論理残余についての論理的に可能なすべての想定が生み出す解の中で，それ以外のすべての解の部分集合になるような解である。最簡解は，解の複雑性の点から見てもっとも簡単な解である。「標準分析」ではさらに複雑解と最簡解の間にある中間解をアウトプットする。

◆中間解の導出

中間解はどのように作られるのだろうか。「標準分析」では，中間解を得るためにルール6.1のような2種の原理を使っている。

最簡解を起点にするのは，できる限り簡単な解の導出を目指すからである。最簡解で十分条件経路を構成する条件はいずれも除去しない。その理由は，除去すれば，最簡解が中間解の上位集合にならないからである。この原理1で除去候補の条件を選んだ上で，方向期待と一致する原因条件だけを複雑解

---

[2] *ibid.*

から除去していくのである。たとえば，原理1によって，～Xが除去候補に挙がっているとしよう。そしてXが「結果」に貢献するという方向期待があるならば，～Xは除去されるのである。

中間解を導く原理　　　　　　　　　　　　　　　　　　　　ルール6.1

1. 最簡解から出発してその十分条件経路を構成する単一の原因条件はいずれも除去しない。つまり，最簡解に現れない原因条件だけを複雑解の十分条件経路から落とす候補にする。
2. 分析者の方向期待と一致する原因条件だけを複雑解から除去する。方向期待とは，ある原因条件の存在（あるいは不在）による「結果」の生起についての理論的な期待である。

◆単純化想定

　複雑解よりも単純な解を生み出すような，論理残余についての想定を単純化想定と呼ぶとしよう。「標準分析」は，この単純化想定を使って，検討すべき解の候補数を削減しようとする。これは論理残余についての多くの反実想定から選択するさいの「標準分析」の基本戦略である。最簡解は多くの単純化想定を使う。この最簡解を起点とする原理1は，この単純化想定の適用による除去候補の選別に他ならない。

　最簡解が使ったすべての単純化想定には，「容易な反事実想定」と「困難な反事実想定」がある。両者の相違は，論理残余を構成している各単一条件についての方向期待があるかどうかである。方向期待とは，その原因条件が結果を生み出すという点で，常識や既存理論と一致しているということである。「容易な反事実想定」には方向期待があるが，「困難な反事実想定」には方向期待がない。この種の想定は常識や既存理論と矛盾している。「標準化分析」は，原理1の単純化想定で生き残った条件の内で，方向期待ができる「容易な反

事実想定」を使って，さらに除去すべき原因条件を絞り込むのである。この第二の原理によって除去されるのは，単純化想定の内で方向期待ができない原因条件である。

このような選別によって生まれる中間解は，まさしくその名前が示すように複雑解と最簡解の中間にある。まず集合関係から見ると，中間解は最簡解の部分集合であるとともに，複雑解の上位集合である。次に複雑性という側面から見ても，最簡解ともっとも複雑な解の中間にある。中間解という名称はこれらに由来している。

◆3種の解の関係

真理表から導出できるすべての解を，集合関係と複雑性の2側面から位置付けて要約すれば，図6.3のようになろう。

複雑解は経験データのみにもとづく解であり，論理残余について何らの反実想定もしていない。それは論理残余への反実想定にもとづく他のすべての解の部分集合である。矢印で示すように，複雑解は集合関係のみから導出されているので，複雑性の次元についてみると，そのどこかに位置している。このため複雑解という名称は誤解を招くとして，これを保守解と呼ぶ意見も

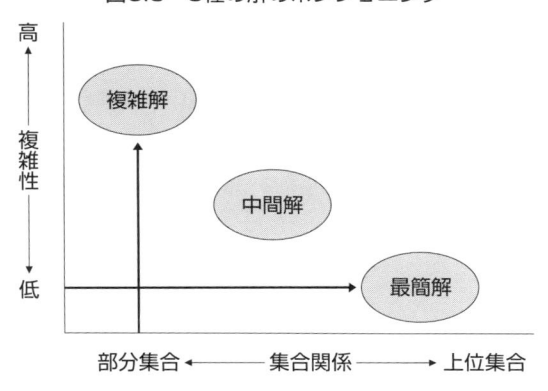

図6.3　3種の解のポジショニング

ある。[3]

　一方，最簡解はもっぱら複雑性という次元から導出されている。解に含まれる原因条件や演算子の数がもっとも少なく，複雑性が最低である解である。しかし，最簡解はその導出にさいして，論理残余にかんする多くの単純化想定を使う。注意すべきは，これらの単純化想定のすべてが理論とかならずしも一致しているわけではないことである。しかし標準分析では最簡解は，中間解の候補となるような残余の集合を定義する上で重要な役割を果たしている。

　中間解は集合関係と複雑性の両面で，複雑解と最簡解の中間にある解である。中間解は最簡解の部分集合であるとともに，複雑解の上位集合でもある。最簡解は多くの単純化想定を使うが，中間解はそれらの想定の内で方向期待ができる原因条件，つまり「容易な反実想定」のみを使うから，最簡解の部分集合になる。一方，複雑解は経験事例のみを使い，いずれの単純化想定も使わないから，中間解はその上位集合になる。中間解の中間性は「容易な反実想定」が単純化想定の部分集合であることから生じている。

　「標準分析」は真理表から導出できる多様な解のうち，以上のような3種の解を提案している。これらは論理残余についての反実想定が生み出す多数の解についての「標準分析」の削減戦略である。しかし，3種の解について注意すべきは，これらの解がまったく形式論理の産物であるという点にある。それは真理表とその論理残余についての想定からいわば演繹的に導出されている。これらの解の導出にさいしては，原因条件の実質的内容についての知識はまったく必要としない。言い換えれば，「標準分析」では，理論が提供するこの知識を，種々の想定の妥当性の評価にまったく利用していない。

---

3) *ibid.*

3. 検討すべき解の選択

▶選択の指針

　QCAでは，理論知識にてらした種々の想定の評価は，3種の解が導出された事後の問題である。そしてこの問題は，理論的検討のために3種の解のどれを選ぶべきか，あるいは3種の解以外に他の解を考えるべきかどうかという問題でもある。この問題を処理する場合の主要な指針は，3種の解を次のような観点から評価することである。評価の焦点は解と経験データとの対応にある。

解選択の指針 　　　　　　　　　　　　　　　　　　　　　　ポイント6.3

➢ 最簡解が理論や常識による期待と矛盾していないかどうか。
➢ 複雑解があまりにも複雑すぎて解釈しにくくないか。
➢ 中間解が理論や常識による期待と一致し，また解釈が複雑解よりも容易か。

　表6.2の地域ブランド・データの場合には，中間解は複雑解と同じになった。データによって「標準分析」の3種の解は，(1) 3つとも異なる，(2) 中間解が複雑解と同じになる，(3) 中間解が最簡解と同じになる，といった出方をする。(1)の場合には，最簡解の部分集合であるとともに，複雑解の上位集合となるような解式の項が存在する。(2)の場合には，最簡解の部分集合になる項があっても，それは複雑解の上位集合にならない。(3)の場合には，複雑解の上位集合になる項があっても，それは最簡解の部分集合にならない。

　3種の解の内容が異なるときには，中間解がもっとも重要な解になるときがある。とくに，原因条件が結果を生むさいに複雑に絡まっているようなデータでは，最簡解が理論期待や常識と矛盾したり，一方，複雑解はあまりにも複雑で解釈しにくいといったことがしばしば生じるからである。

表6.2の地域ブランド事例では，中間解と複雑解が同じである。まずこの解は解釈が困難なほど複雑ではない。むしろ問題は，最簡解がそれにくらべて理論期待や常識と矛盾していないかどうかであろう。最簡解は商業広告Aのみである。それは，商業広告さえすれば，地域ブランド化が実現できることを主張している。しかし，この主張はマーケティング理論での一般的な理論期待に反している。この理論の主張によれば，広告だけでなく品質や流通到達度も含めた，マーケティング・ミックスがマーケティングの成功のために重要だからである。

たしかに図6.2が示すように，Aは複雑解を部分集合として含むもっとも複雑でない最簡解である。しかし，この最簡解はその部分集合を明示的に示していない。これに対して中間解はQ＊A＋A＊Dであり，商業広告が品質あるいは流通到達度と結合して遂行されるとき，全国ブランド化が達成できることを明示的に示している。最簡解よりも中間解の方がマーケティング理論の期待により合致している。

▶未来解の探索

事例比較によって因果推論を行う場合に，「標準分析」による3種の解だけで十分だろうか。現実世界に大きい変動がなく，因果法則が安定しているときには3種の解の検討だけで十分だろう。しかし，経営世界のように現実世界が絶えず変動して，因果法則自体が変わっていく領域では，それだけでは十分ではない。そこでは因果法則が明日はどのように変わるのかを予見することも重要な課題だからである。実際に，経営イノベーションなどと呼ばれるものは，因果法則の転換にかかわっている。このような場合には，イノベーションが行われたときの新しい因果法則を，未来解として検討することも必要になろう。

地域ブランド事例では未来解はどこに存在しているのだろうか。表6.1の

真理表を一瞥すれば，全国ブランド化している地域ブランドには共通の特徴がある。それは品質Q，広告A，そして流通到達度Dのうちで少なくともふたつ以上の原因条件について優位性を持つことである。

このことは全国ブランド化への必要条件になっている。しかしこの条件は全国ブランド化への十分条件にはなっていない。この条件を満たしても，全国ブランド化しない反実事例が存在するからである。表6.1の第5行，品質Qと流通到達度Dを併せ持つ原因条件構成がそれである。

未来解としてもっとも注目すべきはこの論理残余行である。卓越品質と高い流通到達度だけで全国ブランド化が可能だろうか。マーケティング戦略でいうプッシュ戦略は，この理論的可能性を示唆している。卓越品質品を持つ大メーカーなど，マーケターは卸・小売の流通段階を飛び越え，まず広告により消費者に直接訴求して全国ブランド化を達成してきた。この種の戦略はプル戦略と呼ばれる。対照的に，プッシュ戦略は広告よりもまず流通段階を押さえることを指向する戦略である。

大メーカーなどのプッシュ戦略での流通到達度は主として系列店などを設置して流通支配を行うことによって達成されてきた。これには多額の投資を必要とする。資本力の弱い地域ブランドが流通支配を行うことは難しい。しかし，メーカーに対する流通企業の力が強くなるとともに，風向きは変わってきた。菓子などに限定すれば，現在では一流百貨店などが地域に隠れた名品の発掘に余念がない。各店はそれらを食品売場やスウィート・フロアなどで展開している。したがって，ここを拠点に地域ブランドが全国ブランド化する可能性を否定できない。

QCAでは未来解を生み出すような反実想定を設定して，そのさいの真理表の解を導くことは容易である。品質Qと流通到達度Dからなる原因条件構成が「結果」を生み出すという反実仮想を置けば，その解は

$$A*Q + A*D + D*Q$$

になる。地域ブランドが百貨店などと組んでプッシュ戦略のイノベーションに成功すれば，全国ブランド化への十分条件の経路は，$A*Q+A*D$からこの新しい条件構成に変化するはずだ。つまり全国ブランド化への因果法則が変化するのである。

▶複雑な中間解の事例：観光地アメニティ

「標準分析」での3種の解における論理式は，分析データによって多様な出方をする。中間解が複雑解と同じになる場合でも，その論理式は余りに複雑すぎてすぐに解釈できない場合がある。観光地アメニティの事例を挙げよう。

◆観光地アメニティ

観光地アメニティとは，観光客の吸引に貢献する観光地の魅力である。観光地アメニティは極めて多様な要因を含んでいるが，その中でも表6.4に示すアメニティは基本アメニティであろう。吸引力の強い観光地は多かれ少な

表6.4 観光の基本アメニティ

略号	基本アメニティ	存在基準
lanm	名所旧跡	国宝・重要文化財が3つ以上
hist	歴史伝統	10万石以上の城下町，門前町，あるいは古都
lscp	町並み・景観	個性的街区あるいは個性的な都市景観
prod	農水畜産物	地域ブランドとして発展した農水畜産物*
gift	土産物	地域ブランドして発展した土産物*
evnt	イベント・祭り	主要な祭りが年間1つ以上
lcal	地域芸能	重要無形民俗文化財
lcok	ご当地料理	地域ブランドとして発展したご当地料理*

＊：田村正紀『ブランドの誕生』千倉書房，2011年の分析による。

かれこれらの基本基盤を備えている。それゆえ，各地の観光地ではこれらの基盤整備をまず強化しようとしている。[4]

従来の観光研究で特徴的なことは，観光振興にさいしてはこれらの基本アメニティが個別的に強調される点である。各アメニティの研究は歴史学，文化論，農学，都市学，社会学，商学，サービス論など多様な分野にまたがり，観光振興のアドバイザーの専門や得意分野によって，強調される点が異なるからである。観光研究と言っても，10種を超える観光関連学会が並存するわが国の現状がそれを象徴している。

◆**各アメニティの貢献**

しかし，専門分野の限られた視角ではなく，事例に焦点を置いて総合的に見た場合に，基本アメニティの各要因は実際の観光振興にどの程度に貢献しているのだろうか。表6.5の真理表で検討してみよう。

多様なアメニティによる観光振興の成果を，2006年から2011年にかけての観光地の宿泊客全国シェアが増加しているかどうかで判断しよう。増加している場合に「結果」は1，そうでない場合には0になる。この期間は宿泊客が全国的に落ち込み，観光地間の競争が激化した時期である。この期間にシェアを伸ばした観光地は，観光振興という「結果」を生み出したと判断できよう。

このような「結果」と表6.4の存在基準で判断した原因条件について，データが得られる事例数は全国で156であった。これらのデータはもちろん回帰分析などの統計分析にかけることもできる。しかし，基本アメニティ間には相互に極めて複雑で高い相関パターンが存在するため，「結果」についての各アメニティの独立効果を推定することはできなかった。そこで，QCAによって「結果」を生み出す上で，基本アメニティがお互いにどのように連動しているかを分析の焦点にした。

156の事例について，原因条件の構成パターンを分析した上で，少なくと

---

4) 田村正紀編著，大津正和・島津望・橋元理恵著『観光地のアメニティ：何が観光客を引きつけるか』白桃書房，2012年。

186　第6章　真理表の解は何を意味するのか

表6.5　基本アメニティの真理表

| 原因条件 ||||||||| 結果 | 事例数 | 素整合性 |
| 名所旧跡 | 歴史伝統 | 町並み・景観 | 農水畜産物 | 土産物 | イベント・祭り | 地域芸能 | ご当地料理 | 宿泊客シェア増加 | | |
lanm	hist	lscp	prod	gift	evnt	lcal	lcok			
0	0	0	0	0	0	0	0	0	61	0.25
0	0	1	0	0	0	0	0	0	6	0.5
0	0	0	0	0	0	1	0	0	5	0
1	1	1	1	1	1	1	1	1	4	0.75
0	1	0	1	0	0	0	1	0	4	0
0	0	0	1	0	0	0	0	0	4	0
1	1	0	0	0	0	0	0	0	3	0.67
1	0	0	1	0	0	0	0	0	3	0
1	0	0	0	0	0	1	0	0	3	0.33
1	0	0	0	0	0	0	0	0	3	0
0	1	0	0	0	0	0	0	0	3	0.33
1	1	1	1	1	1	0	1	1	2	1
1	1	1	1	0	0	0	0	1	2	1
1	1	0	1	0	1	1	0	0	2	0
1	1	0	1	0	1	1	0	0	2	0
1	1	0	0	0	1	0	0	0	2	0
1	0	0	0	0	0	0	1	0	2	0.5
0	1	0	0	0	0	1	1	0	2	0.5
0	0	1	1	0	0	0	0	0	2	0.5
0	0	0	1	0	0	1	0	0	2	0.5

も2以上の事例が存在し，「結果」を生み出す整合性が0.65以上の条件構成を真理表作成の対象にした．この選択は経験データから見て，できるだけ信頼度の高い分析結果を出すためである．この完備真理表は表6.5に含まれている．

この真理表について標準分析によって論理簡単化を行うと，表6.6のような結果が得られた．この分析結果については，複雑解・中間解よりも最簡解

表6.6　基本アメニティ事例の分析結果

複雑解・中間解の論理式	素被覆度
lanm＊hist＊lscp＊prod＊gift＊evnt＊lcok	0.091
＋lanm＊hist＊〜lscp＊〜prod＊〜gift＊〜evnt＊〜lcal＊〜lcok	0.036
＋lanm＊hist＊lscp＊〜prod＊〜gift＊evnt＊〜lcal＊〜lcok	0.036
解被覆度＝0.164　解整合性＝0.818	
最簡解の論理式	素被覆度
lanm＊hist＊〜evnt	0.218
＋lanm＊lscp	0.309
＋hist＊lscp	0.275
＋lscp＊evnt	0.181
解被覆度＝0.418　解整合性＝0.821	

の方が，観光振興への十分経路を明確に示している。それによれば4種の結合経路がある。イベント・祭りが不在の場合の名所旧跡と歴史伝統，名所旧跡と町並み・景観，歴史伝統と町並み・景観，そして町並み・景観とイベント・祭りといった結合経路である。

◆**分析結果の含意**

　分析結果が観光振興に関して示唆していることは何だろうか。もっとも重要なことは，基本アメニティの各要因は単独で観光振興に貢献しないということである。少なくとも基本アメニティのふたつの組み合わせを作らねばならない。この組み合わせを作るさいして，主要な要因になるのは名所旧跡，町並み・景観，歴史伝統，そしてイベント・祭りといった要因である。農水畜産物，土産物，地域芸能，ご当地料理といった要因は基本アメニティの中核的な要素を構成していない。

　観光地アメニティは基本アメニティだけではない。これら以外にも，レジ

ャー施設，買い物のための商業施設，ホテル，美術館・博物館，さらにはその観光地についての理解を深めるための宣伝・広報活動なども，ますます重要になってきている。これらの新しい観光振興策を基本アメニティとの関連で評価するにさいして，基本アメニティはより少数の要因に集約する必要があろう。その中核を構成する名所旧跡，町並み・景観，歴史伝統，そしてイベント・祭りといった要因が相互に密接に結合しているからである。

第7章
リサーチ・プロセスへQCAをどう組み込むか

QCAのような新しい分析手法を研究に使うにさいして，次の2点の理解が必要になることはすでに指摘した。ひとつは，手法の基本原理とデータ処理手順，他のひとつはリサーチ・プロセスへのその手法の組み込み方だ。前者は分析技術としての理解であり，後者は事例研究へのアプローチとしての理解である。技術としての理解はこれまでの諸章で概説した。この知識を前提に，この最後の章では，事例研究へのアプローチとしてのQCAを取り上げよう。

　QCAは事例研究へのアプローチとしてナビゲータの役割を果たす。QCA利用を前提に事例研究を行えば，そのリサーチ・プロセス全体を通して，QCAが羅針盤としての役割を果たすことになる。リサーチ・プロセスで事例研究とQCAは相互にどのように関係してくるのだろうか。リサーチ・プロセスをベースにして，今まで概説したQCAの基本的な考え方やロジックの要点を振り返り，QCAによる事例研究の作法を明らかにしよう。

▶リサーチ・プロセス

　リサーチ・プロセスは，リサーチにさいして踏む一連のステップである。QCAによる事例研究のリサーチ・プロセスの全体像は図7.1のようになろう。

　大別すれば，このプロセスはふたつの段階からなる。前半のデザイン・プロセスと後半の分析プロセスである。デザイン・プロセスは，事例研究のリサーチ・デザインを固めていく開拓的なプロセスである。まず研究課題の設定をし，事例選択そして，事例内研究へと進む。事例内研究とは特定の研究課題のもとに，選択した個別事例を掘り下げる研究である。

　しかし，このプロセスは一方向的なプロセスではない。事例内研究から研究課題へのデザイン・フィードバックがあるからである。この研究によって研究課題の修正や事例の再選択が必要になるかもしれない。デザイン・フィードバックはこのような開拓的で累積的な過程を示している。このフィード

---

1) これらの作法の多くは，Rihoux,B. and C.C.Ragin, *Configurational Comparative Methods: Qualitative Comparative Analysis（QCA）and Related Techniques*, Sage Publications, 2009 で指摘されているものである。

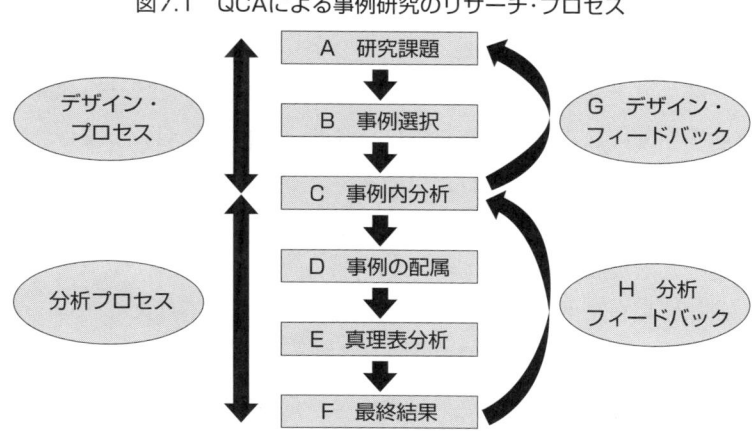

図7.1　QCAによる事例研究のリサーチ・プロセス

```
                    A  研究課題
                        ↓
 デザイン・           B  事例選択              G  デザイン・
 プロセス                ↓                    フィードバック
                    C  事例内分析
                        ↓
                    D  事例の配属
 分析プロセス            ↓                    H  分析
                    E  真理表分析             フィードバック
                        ↓
                    F  最終結果
```

バックによって，デザイン・プロセスはサイクルを描く円環過程になって何度も繰り返されるかもしれない。同じことは分析フィードバックについてもいえる。それは最終結果を念頭に事例内分析を行い，その最終結果にいたる過程を振り返る過程である。

1. デザイン・プロセスでの作法

　デザイン・プロセスで，QCAはそのナビゲータ機能をどのように果たすのだろうか。また各ステップでどのような点に配慮しながら，分析作業を進めねばならないか。つまりQCA利用上の作法とはどのようなものだろうか。この作法はデザイン・プロセスの各ステップについて考えられるが，重要な点は研究課題，事例選択，事例内分析での作法がデザイン・フィードバックという過程で相互に密接に関連することである。

▶研究課題の設定作法

◆研究課題とは

　何のためのリサーチか。よいリサーチをするには，問題意識を鮮明にし，その課題を明確にしなければならない。リサーチ対象について既存理論や通念があるならば，その検証を目指すのか，あるいは反証を通じてその修正を意図するのか。まったく既存理論がないならば，新しい理論概念（コンセプト）を提唱し新理論を打ち立てるのか。

　事例研究の場合にはとりわけ，研究課題の明確化は不可欠である。事例研究が必要な領域には，相互に関連したいくつかの特徴がある。要約的にいえば，創発事象が多いこと，事例数が少ないこと，その事象を読み解く理論が十分に確立されていないこと，事象を捉える概念が少なく，あったとしても日常言語の段階で理論概念として精緻化されてないことなどだ。

　このような対象について事例研究を試みようとするさいには，かならずと言ってよいほど，混沌とした現実に直面する。その情報を処理するための，科学的な形式的分析手順を持たずにこの現実に立ち向かうと，現実データの中に埋没し方向を見失うことが多い。そのさいの事例記述は，実例のたんなるお話になってしまい，およそ科学的な理論事例研究から遠く隔たっている。しかし，QCA利用を念頭に置けば，この迷える子羊の状態に落ちいることはないだろう。

◆「結果」の特定

　QCAは研究方法論であるだけでなく，特定の「結果」がどのような原因条件によって生み出されるのかを推論する技法でもある。その利用を念頭に置けば，研究者は何よりもまず，関心ある「結果」とその原因条件の候補を考えなければならない。「結果」の特定は，事例研究によって何を説明したいのかを決めることである。説明すべき「結果」が特定されると，次にそれを生み出しそうな要因を考える。これが原因条件である。「結果」と原因条件，

そして探求すべきそれらの関連様式（仮説）が念頭にあれば，研究課題の大部分を明確に設定したことになる。

QCA利用が要求する「結果」，原因条件，そして仮説のイメージができれば，事例研究で大きく道を間違うことはない。これらのイメージによって，事例のどのような側面に注意を向けるべきか，その焦点が定まっていくからである。事例をたんなる実例としてではなく，理論事例として取り扱う途が開けていく。そのさい，研究課題設定の作法はポイント7.1のようになる。

研究課題設定の作法　　　　　　　　　　　　　　　　　　　　　　ポイント7.1

➤対象事例にわたり共通する「結果」を明確に定義する。
➤「結果」に関連し，対象事例間で変動する要因を原因条件として設定する。
➤原因条件の数はできる限り絞り込む。
➤原因条件の因果的性格について仮説を考える。

どのような「結果」を設定すべきか。これは理論の発展段階に依存するリサーチ・デザインの一般問題でもある。表7.1はその参考になろう。発展段階1や5では，新しい「結果」概念を創造する必要が生じてくるかもしれない。発展段階の2～4の場合には，既存理論での「結果」概念が取り上げられることになる。

従来の事例研究では，「結果」概念はしばしば通念だけに依存し，明確に定義されることは少なかった。たとえば成功企業，革新企業，成長企業，国際化企業などの事例研究で，成功，革新，成長，国際化といった「結果」概念は，社会通念的イメージだけに依存し，その内容を明確に定義することはまれであった。研究課題設定にさいしての作法の第1は，研究対象とする複数の事例にわたり共通するような，「結果」概念を明確に定義することである。

これによって，複数事例が同じひとつの理論概念のまなざしで眺められる

表7.1　理論の発展段階と必要なリサーチ

理論の発展段階	段階の特徴	必要なリサーチ
1　問題発生	産業界の重要問題として発生しているが，論理と呼べるものはまだ生まれていない。	新理論構築
2　複数理論の生成	理論はできたが，複数の理論が競合している。理論の実証的裏付けが弱い。	競合理論の比較検討　実証理論の精緻化
3　通説理論の確立	ある程度の実証的裏付けのある通説理論ができる。	通説理論の検証
4　通説理論の制約	実証理論はあるが，どの程度まで適用できるか明らかでない。	
5　新パラダイム創造	従来の理論では新しい現象がほとんど説明できなくなった。	パラダイム転換

出所：田村正紀『リサーチ・デザイン』白桃書房，2006年。

ことになる。たとえば，10年以上にわたり2桁の売上高成長を達成した企業を急成長企業であると定義したとしよう。それを支える要因を探るために，事例としてユニクロ，ニトリ，しまむらの急成長期間を取り上げるとすれば，これらの事例は急成長という同じ「結果」概念の下に眺められることになる。

◆原因条件の選択

　原因条件の選択にさいしてはどのような作法があるだろうか。原因条件の選択は理論や産業界の通念仮説があれば，それにもとづいて設定される。しかし，QCA利用にさいしてはポイント7.2のような作法に従うことが必要である。

　まず，対象事例間でその状態が変動する原因条件を選択する必要がある。変動がなければ，それは事例間での定数になり，QCAで原因条件として識別されない。たとえば上記事例で流通専門店企業であるという要因を原因条件とすれば，それは事例間で変動せず定数になる。原因条件の候補になる要因は，「結果」に関連するだけでなく，事例間で変動する要因である。この

作法は，後述する事例選択にも密接に関連している。

| 原因条件選択の作法 | ポイント7.2 |

> 事例間で同じ値を取り，まったく変動しない原因条件は含めない。
> 事例数と原因条件数のバランスを取る必要がある。事例数にくらべて原因条件数が大きくなると，それぞれの事例が個別化して事例間に共通する規則性や結果の統一的説明が困難になる。経験的な慣行として，事例数が10から40未満の時には4から7個ぐらいの原因条件数が適切である。
> それぞれの原因条件と結果との関連を，必要条件や十分条件のかたちで仮説的に設定しておくことが望ましい。

次に注意すべきは，取り上げる原因条件の数である。既成理論や検証・反証対象の何らかの仮説があるときには，考慮する原因条件の数は絞られていることが多い。問題になるのはこれらがなく，未開拓領域での法則発見型の事例研究をするときである。このさい，依拠すべき理論や仮説がないので，多くの原因条件が設定されることになる。とりわけ，対象事例が少なくなればなるほど，原因条件数を絞り込むことが重要になる。

原因条件数が増えるにつれて，原因条件の組み合わせは指数的に増加する。5種の原因条件でも，その組み合わせは32ある。6種の原因では64になる。これらが真理表の各行に対応するが，事例数が少ないと各行の事例数も少なくなる。その結果，「結果」の説明は，しばしば事例ごとに個別化することになろう。複数の事例に共通する原因条件の組み合わせを見つけることは難しくなり，統一的な説明ができなくなる。

理論の価値はできるだけ少ない要因で多くの事例にまたがるより一般的なパターンを説明することである。時代を画したり，経営のパラダイム転換を生み出しそうな先端事例，既成理論ではまったく説明できない重要な逸脱事例，あるいは重要事実発見的なまったくの未開拓な新事象事例などを別にす

れば，個別事例の「結果」をその事例の特異なコンテキストに依存する原因条件だけで説明する事例研究は理論的にはほとんど価値がない。

　原因条件選択の作法としては，10から40ぐらいの中小事例数では，原因条件数は4から7個ぐらいまでに絞り込むのがよいとされている。これら以上の多くの原因条件があるときには，その絞り込みにはいくつかの方法がある。よく利用されるのは，事例内分析で資料の深読みによる必要条件であるかどうかのチェック，あるいは統計分析に十分な事例数があるときには原因条件間の相関や因子分析なども利用した原因条件のカテゴリー統合などであろう。しかし，事例研究方法論として重要なのは，事例選択との関連で行われる思考実験である。これについては後述しよう。

　原因条件の候補リストが絞られてくると，「結果」への各原因条件の因果的性格について仮説を持つことは以下の作業を効率的にするだろう。因果的性格とは，原因条件が必要条件であるのか，十分条件であるのか，あるいはそのどちらでもないINUS条件，SUIN条件になりそうかということである。これらの仮説を全体としてみれば，その事象の「結果」がどのように生み出されてくるかについて，より一般的なイメージができるかもしれない。

▶事例選択の作法

　事例選択には，どのくらいの事例数を選択すべきかという問題と，特定事例数の中でどの事例を選択すべきかという問題がある。

◆事象制約と実務制約

　事例数の選択に関しては，事象制約と実務制約により，その選択幅が限られることがよくある。事象制約とはその事象の本来的性格による制約である。たとえば，イノベーションなどの創発事例では，調査時点にもよるが，事例は少数に限られよう。業界トップ企業の比較研究では事例数の上限は業界数であり，都道府県の観光振興の比較事例では最大事例数は47である。

実務制約とはその調査の実務にさいしての制約である。もっとも大きい制約は事例内分析に必要なデータの利用可能性である。十分な資料があるかどうか，ヒアリング機会が得られるかどうかなどがその内容である。国際調査をするさいには，その事例国の言語知識が制約になる場合が多い。さらに，その調査・研究に使える資金によっても，事例数は制限される。売上高世界一の小売業ウォルマートの各国で展開する事業活動などの比較事例研究が現れない理由は，データ利用可能性，言語制約，調査費用制約によるものである。

◆研究課題との関連

　これらの制約内で対象事例を選択しなければならない。この事例選択は研究課題設定と密接に関連したプロセスである。両者は部分的に重なり合っている。まず，研究課題としての説明すべき「結果」の設定によって，対象事例に範囲は大幅に絞り込まれる。この絞り込みを効率的に行うためにも，「結果」概念は明確に定義しておく必要がある。

　「結果」概念の明確な定義とともに，もうひとつ重要なことがある。それは同質的な母集団を確定することだ。母集団とは事例がその中から選択される範囲である。日本企業の国際化という結果に関心があるとしよう。そのさいの事例研究の対象範囲には，トヨタ，ソニー，ユニクロ，セブン-イレブンは同時に含まれるだろうか。これらの企業はまったく異なる課業環境の下で，国際化活動を行ってきた。課業環境とは，製品特性，生産技術，流通システム，顧客行動，競争環境，法的規制など，企業活動の場である。

　もし企業の課業環境の相違が国際化にどのように影響するかに関心があるならば，これらの企業はそのかぎりにおいて事例研究の同質的な母集団になる。しかし，国際化という「結果」がどのような事業活動によって生み出されるかに関心があるならば，これらの企業は同じ課業環境の下で活動していないという点で異質的な母集団になろう。そのさいに比較事例研究によって，国際化を成功させる事業活動特性を原因条件として引き出すことは困難であろう。

比較事例研究のための母集団は，統計分析などのように，前もって与えられていない。それは全体的なリサーチ・プロセスの中で確定していくべき問題である。「結果」を生み出す共通した原因条件が作用しているかどうかを手がかりにして，同質的な母集団の範囲を確定していかなければならない。原因条件の共通性とは，各原因条件の状態（値）のことではなく，原因条件となる条件項目のことである。たとえば，入試成功の原因条件の共通性とは，入試科目の共通性のことであり，各科目で何点取ったかということではない。

　同質的な母集団を確定するために，中小規模の事例数からなる比較研究を行うさいには，事例内分析によって各事例の詳細な分析ができるかどうかが，事例選択に基準になる。詳細な事例知識がなければ，原因条件の同質性を判断できないからである。一方で，大規模の事例数からなる比較研究の場合には，事例の課業環境の相違によって生じる事例のタイプや種類を十分に知らねばならない。事例タイプの比較によって，母集団同質性を判断するのである。

　たとえば流通企業の比較事例研究をするさいには，百貨店，専門店，スーパー，コンビニ，ネット通販によって，それぞれの課業環境がどう異なっているかの知識は不可欠である。成功を導く事業活動のあり方（原因条件）は，課業環境によって異なる側面が出るからである。

▶連結ピンとしての事例内分析

　事例内分析は個別事例に立ち入った分析であり，デザイン・プロセスと分析プロセスの両方にかかわっている。この意味で事例内分析は両プロセスの連結ピンである。とくに事例分析がよく試みられる未開拓分野のデザイン・プロセスでは，事例内分析は事例選択のために不可欠な作業であった。研究課題にてらして，その事例が適正な事例であるのかどうかは，各事例に立ち入って検討しなければ判断できないことが多い。

◆原因条件の探索

　同じことは，原因条件の探索についてもいえる。既存理論が未発展な領域では，原因条件としてどのような要因が考えられるかは，選択事例の事例内分析を行わなければ，原因条件の候補リストを作り上げることは難しいであろう。未開拓領域の事例研究では統計資料などは未整備なことが多い。利用できるのは新聞，雑誌記事のアーカイブ，フィールドワークによる観察記録，あるいはヒアリングができた場合にはその録音や取材メモなどである。これらが事例内研究の事例資料になる。

　これらの事例資料の特徴はすべて言葉で書かれた，非定型なテキスト・データであるという点にある。非定型とはデータ記録のフォームが定まっていないということである。その中から原因条件候補をどのように探し出していけばよいのだろうか。原因条件候補の発見法ルールはルール7.3のようなものであろう。

原因条件の発見法　　　　　　　　　　　　　　　　　　　　　ルール7.3

1. 「…に影響する」，「…に関連する」，「…に由る」，「…に作用する」，「…の結果となる」といった用語を含む文脈に注目する。
2. 共変動型の文型に注目する。
3. 因果分析の「結果」が生じる直前での出来事に注目する。

　影響，関連，由る，作用，結果などの用語が現れる文脈には，原因条件が現れる場合が多い。これらは原因条件の存在を支持する言葉である。事例資料をワード，エクセル，パワーポイント，RTF，PDF，一太郎やエディターなどで電子テキスト化していれば，この種の用語を含む文脈は，LightGrepなどのテキスト検索ソフトを利用すれば簡単である。また種々のテキスト・マイニングソフトを使ってひとつの資料全体を分析して，複合的

な原因条件を探り出していくこともできよう。[2]

　共変動型の文とは,「AはBと関連する傾向がある」,「Xが大きくなるほど,Yも大きくなる」といった文型である。このような文型ではBやXが原因条件候補である。結果が生じる直前の出来事に注目するのは,原因が結果に時間的に直前に先行するという歴史学のルールの適用である。事例資料の不足やその他の事情によって原因条件が把握できない事例に関してはデザイン・フィードバックによって事例選択に立ち返る必要があろう。

　事例内分析は以上のようなデザイン・プロセスだけでなく,分析プロセスでも重要な役割を果たしている。とくに分析プロセスにおける,理論概念への事例配属と真理表分析の結果の解釈に関連して,事例内分析を必要とすることが多い。

2. 分析プロセスの作法

▶理論概念への事例配属の作法

　QCAでは原因条件や「結果」にかかわる理論概念は事例の容器である。特定事例はそれぞれの理論概念に帰属するかどうかが問われる。各概念から見ると,それらは事例の集まりからなる集合概念である。配属は事例を理論概念に帰属させる作業である。たとえばユニクロ製品は贅沢品の概念に入るかどうかの判断作業である。

　概念がクリスプ集合の場合,事例はその完全成員であるかそうでないかである。前者は1,後者は0の値で示す。各事例はこれらに2値化される。概念がファジィ集合の場合では部分的成員資格を認める。集合への所属は1から0のあいだの数値で示される。1は成員,0は非成員,その間の数値は部分的成員資格を持つ事例であり,0.5が成員か非成員かを質的に分割する区

---

[2] たとえば,佐藤郁哉『質的データ分析法：原理・方法・実践』新曜社,2008参照。

切り点である。このような概念への事例配属は、真理表分析の結果に重要な影響を与える。したがって、事例の配属は分析プロセスでの重要な作業である。

配属はどのような作法に従えばよいのだろうか。理論概念への事例の配属は、その集合の成員資格をどのような基準にもとづき判断するのかによって決まってしまう。ファジイ集合の場合には成員（＝1）、非成員（＝0）に加えて、部分的な成員かどうかを質的に分ける区切り点（＝0.5）がどのようなものかによって事例の配属は決定される。したがって、配属の作法はこれらの基準値の設定のやり方にかかわることになる。

事例配属の作法　　　　　　　　　　　　　　　　　　　　　　　　　　ポイント7.4

> 基準値（データでの閾値）の設定は経験知識や理論にもとづき行い、その根拠を明確にする。
> クレスプ集合の場合は成員資格要件を明確にする。ファジイ集合の場合は、完全成員（＝1）、完全非成員（＝0）、分岐点（＝0.5）の状態を明確にしておく。
> 連続データを2値化したり、成員スコアにする場合には、データ分布の平均値や中央値を分岐点として使う場合にも、可能な限りその数値が意味する実体内容や理論をチェックする。とくに重要なのはその分岐点を境にして結果への影響が生じたり、その方向が変わるといった質的差異が生じると期待できるかどうかである。

ポイント7.4の事例配属の作法は、基準値の設定に関して、事例内分析によって得られる知識が不可欠であることを示している。クレスプ集合にしてもファジイ集合にしても、その成員資格に関してもっとも重要なのは質的差異である。事例内分析を行うにさいしては、その理論変数の状態について、他の事例との間に質的差異が存在するかどうかに焦点を合わせなければならない。

▶真理表分析の作法
◆真理表の質

理論変数への事例の配属が一応完了すれば，真理表分析に取りかかることができる。まず真理表の質についてのチェックが必要である。そのさいの作法はポイント7.5のようなものである。

真理表の質チェックの作法　　　　　　　　　　　　　　　　ポイント7.5

➢「結果」について，それが出ている事例と出ていない事例の両方が含まれているかをチェックする。
➢「結果」に与える影響方向から見て，問題になる条件組み合わせがないかどうかをチェックする。たとえば原因条件の値がすべて0であるのに，「結果」が1になっていたり，原因条件がすべて1であるのに「結果」が0になっている場合である。
➢原因条件が事例間で十分に変動しているかをチェックする。目安の基準としては3分の1は別の値になっていることが望ましい。

◆「矛盾する条件構成」への対処

真理表の質に問題がないとすれば，fsQCAの真理表アルゴリズム（Truth table algolism）を使って真理表分析を行う。その結果，次に問題になるのは矛盾する条件構成である。原因条件の構成が同じであるのにもかかわらず，事例により「結果」が異なる真理表行の問題である。同時にアウトプットされる整合性指標がその状態を示している。矛盾する条件構成に対処するにはポイント7.6に示すようないくつか作法がある。多くの場合，これらの作法のいくつかが組み合わせて使われる。

これらの作法のうちどれを使うかは，研究状況によって多様である。作法1はモデルが複雑になるだけ，矛盾する条件構成問題は起こりにくくなろう。

しかし，条件数が増加するにつれて，条件構成パターンの数は飛躍的に増加していくので，限定された多様性問題が生じ，事例の説明が局所化し個別化することになる。とくに事例数が少ない場合にはこの作法は取りにくい。

矛盾する条件構成への対処作法　　ポイント7.6

1. 原因条件の数を増やす。
2. いくつかの条件を取り除き，別の条件に取り替える。
3. 事例を各概念に配属する閾値を再確認する。
4. 「結果」変数を確認する。とくに「結果」変数が複数の次元を持っていないかどうかをチェックして，もしそうなら1次元に絞り込んで「結果」変数を再定義する。
5. 事例間を区別する原因条件が見過ごされていないかどうかをチェックする。
6. すべての事例が同じ母集団に属しているかどうかをチェックする。矛盾する条件構成が異なる母集団の事例によって引き起こされている場合にはその事例を分析から除去する。
7. すべての矛盾する条件構成について，「結果」の値を0にする。これは矛盾する条件構成を不明確なものとして扱い，整合性を増すために条件構成の簡単化を一部あきらめる決定である。
8. 矛盾する条件構成を示す真理表行で「結果」を示す事例の比率がたとえば75％を超える場合には，その真理表行の「結果」の値は1とする。この確率論的な対象法はQCAが事例指向的なアプローチであることから見ると問題を含んでいる。

作法1だけでなく，6までの対処法はすべてより詳細な事例内分析の再検討を含むものである。しかしそのさいの分析の焦点は明確である。その主要なものは，看過した原因条件はないか，配属基準に問題はないか，「結果」概念が多元的ではないか，その事例の母集団は何かなどである。

3. デザインと分析の統合戦略：観光地アメニティ事例

以上のようなデザインと分析を統合的に進めるための有効な戦略がある。それはMDSO（**M**ost **D**ifferent System with a **S**ame **O**utcome，異条件・同成果事例）とMSDO（**M**ost **S**imilar System with a **D**ifferent **O**utcome，同条件・異成果事例）を利用しながら，QCAを進めていく戦略である。[3] 一般作法に従ったとしても，事例選択の対象は依然として多く残っている場合が多い。その中からどのように分析のための事例選択を行うべきであろうか。そのさいの焦点は，同質的な母集団の枠組み内で，「結果」や原因条件の状態（値）ができるだけ多様になるように事例を選択することである。MDSOやMSDOは，これを目指した事例分類である。

▶ MDSOとMSDOとは何か

まず「結果」の多様性を確保するため，クリスプ集合の場合には成功（「結果」＝1）と失敗（「結果」＝0）の事例をともに含むことが望ましい。両者の比率が等しいとき，結果の多様性は最大になる。ファジィ集合の場合でも，とくに質的区切り点0.5を超える事例と0.5未満の事例をともに含んでいることが望ましい。事例の多様性は「結果」だけでなく，原因条件の値の多様性にも関連している。

具体事例に沿いながら説明しよう。観光振興などの領域では，事象自体が多面的であるため，観光地がそれへの訪問客を吸引するためのアメニティ（魅力点）も多様である。よくあげられるアメニティとしては，歴史伝統，名所旧跡，気候・風土，自然，アクセス便利，施設・道路インフラ，宿泊施設，イベント・祭り，娯楽施設，商業施設，文化施設，土産物，ご当地料理などがある。どのアメニティの消費者イメージを改善すれば，観光振興につながるだろうか。

---

3) De Meur, G., Bursens, and A. Gottcheiner, "MSDO/MDSO revised for Public Policy Analysis," in B. Rihoux and H. Grimm, eds., *Innovative Comparative Methods for Policy Analysis*, Springer, 2006.
4) 日経リサーチ，「地域ブランド戦略サーベイ」2010年。

日経調査[4]は47都道府県を単位として，訪問意向比率とその意向に影響すると考えられるアメニティの消費者イメージ（上記の各側面に魅力があると回答した消費者比率）とを調査している。たとえば，2006年と2010年の2時点間でこれらのデータを比較すれば，その間で増加したか減少したかの2値データを，表7.2のように47都道府県について得ることができる。

　詳細な事例内分析をするには事例数を絞り込む必要があろう。また原因条件は13種あるから，それらの異なる組み合わせは8192である。事例数は47であるから，原因条件数は多すぎる。事例数や原因条件をどのように絞り込んでいけばよいのだろうか。このための戦略は2種ある。

　ひとつはもっとも異なる原因条件構成を持ちながらも，同じように訪問意向を増加させている事例グループに注目する戦略である。この種のグループはMDSO（異条件・同成果事例）と呼ばれる。異なる原因条件構成を持つ事例を選び出したから，事例は相互に多くの原因条件で異なる。しかし，このグループの原因条件の中でも，事例間で同じく共通している部分もあるはずだ。MDSO戦略では，この共通した原因条件が訪問意向増を生み出していると考える。この分析結果は，異質部分を含む多様な原因条件の事例にも適用できる。だから事例分析の発見物が適用できる事例範囲も示すことができる。

　もうひとつの戦略は，これとは対照的に，もっとも類似した原因条件構成を持ちながらも，訪問意向が増加したり減少したりしている事例グループに注目する。この種のグループはMSDO（同条件・異成果事例）と呼ばれる。このグループでは原因条件構成が類似しているから，多くの原因条件が共通し同じである。しかし，原因条件構成に中には，事例間で異なる部分もあるはずだ。この異なっている原因条件が「結果」の差異を生んでいると考える。

表7.2 訪問意向とアメニティ・イメージの増減（1＝増，0＝減）

地域名	訪問意向変化	ご当地料理	土産物	名所旧跡	自然	イベント・祭り	宿泊施設	娯楽施設	商業施設	文化施設	アクセス便利	道路インフラ	施設・気候・風土	歴史伝統
北海道	0	0	1	1	1	0	1	1	1	1	1	1	1	1
青森県	1	1	1	1	1	1	0	0	0	0	1	1	1	1
岩手県	0	1	1	1	1	0	0	0	0	0	0	1	1	1
宮城県	1	1	1	1	1	1	1	0	0	0	1	1	1	1
秋田県	1	1	1	1	1	1	1	0	0	0	0	1	1	1
山形県	1	1	1	1	1	1	0	0	0	0	1	1	1	1
福島県	1	1	0	1	1	0	1	0	1	1	1	1	1	1
茨城県	0	1	1	1	1	1	0	1	0	0	1	1	1	1
栃木県	1	1	1	1	1	1	1	0	0	0	1	1	1	1
群馬県	1	0	0	1	1	0	1	0	0	0	1	1	1	1
埼玉県	0	0	0	1	1	1	1	1	1	1	1	1	1	1
千葉県	0	0	1	1	0	0	1	0	0	0	1	1	1	0
東京都	0	0	0	1	1	1	0	1	1	1	1	1	0	1
神奈川県	0	0	1	1	1	1	0	0	0	0	1	1	1	1
新潟県	0	1	1	1	1	0	0	0	0	0	1	1	1	1
富山県	1	1	1	1	1	1	1	1	1	1	1	1	1	1
石川県	1	1	1	1	1	1	1	1	1	1	1	1	1	1
福井県	1	1	1	1	1	0	0	1	0	1	1	1	1	1
山梨県	0	1	1	1	1	0	1	1	1	0	1	1	1	1
長野県	0	1	1	1	1	0	1	0	1	0	1	1	1	1
岐阜県	0	1	1	1	1	0	1	0	1	0	1	1	1	1
静岡県	0	1	0	1	1	1	1	1	1	1	0	0	1	1
愛知県	0	1	1	1	1	0	0	1	1	1	1	1	1	1
三重県	1	1	1	1	1	0	1	0	1	1	0	1	1	1
滋賀県	1	1	1	1	1	1	1	1	1	1	1	1	1	1
京都府	1	1	1	1	0	0	1	1	1	1	1	1	1	1
大阪府	0	1	1	1	0	0	0	0	1	0	1	1	1	1
兵庫県	0	1	0	1	1	0	1	0	0	0	1	1	1	1
奈良県	1	1	1	1	1	0	1	1	0	1	1	1	1	1

(続き)

地域名	訪問意向変化	ご当地料理	土産物	名所旧跡	自然	イベント・祭り	宿泊施設	娯楽施設	商業施設	文化施設	アクセス便利	施設・道路インフラ	気候・風土	歴史伝統
和歌山県	1	1	0	1	1	0	1	1	1	1	1	1	1	1
鳥取県	1	0	0	1	1	1	0	1	1	1	1	1	1	1
島根県	1	1	0	1	1	1	1	1	1	1	1	1	1	1
岡山県	0	0	0	1	0	0	0	0	0	0	1	1	1	1
広島県	0	0	0	1	0	0	0	0	0	0	1	1	1	1
山口県	1	1	1	1	1	1	0	1	1	1	1	1	1	1
徳島県	0	1	0	0	1	1	0	1	0	1	1	1	1	1
香川県	0	1	0	1	1	1	0	1	1	1	1	1	1	1
愛媛県	0	1	1	0	1	0	1	0	1	0	1	0	1	1
高知県	0	1	1	0	1	1	0	1	1	1	1	1	1	1
福岡県	0	0	0	1	0	0	0	0	0	0	1	1	1	1
佐賀県	0	1	0	1	1	1	1	1	1	1	1	1	1	1
長崎県	0	0	0	1	1	0	0	1	0	0	1	1	1	1
熊本県	0	1	0	0	1	1	0	1	0	1	1	1	1	1
大分県	0	0	0	0	1	1	1	0	0	0	1	1	1	1
宮崎県	1	1	1	0	1	1	0	0	0	1	1	1	0	1
鹿児島県	0	1	0	0	1	0	0	0	1	1	1	1	1	1
沖縄県	0	1	0	1	1	0	1	1	0	1	1	1	1	1

データ源：日経リサーチ「地域ブランド戦略サーベイ」2010のデータより作成。

▶事例間のブール距離

　事例内分析を行うために，対象事例数を絞り込む必要のあるときには，MDSO（異条件・同成果事例）やMSDO（同条件・異成果事例）がその候補になるだろう。そのさい，原因条件構成の類似性の両極値，つまり最大の異質性や同質性をどのように識別すればよいのだろうか。この問題は原因条件構成の事例間での類似性尺度を作る問題である。この尺度の両極が最大異

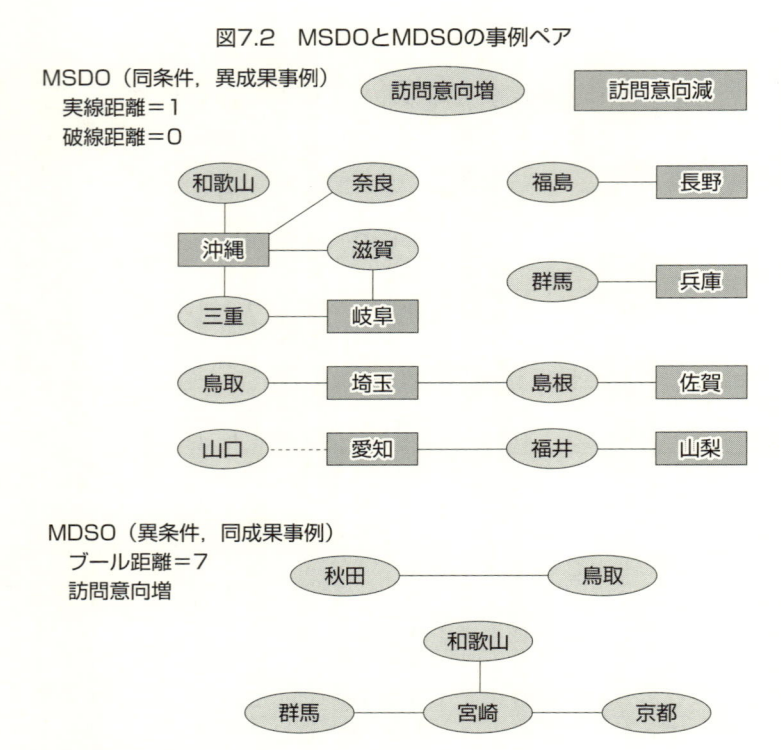

図7.2　MSDOとMDSOの事例ペア

MSDO（同条件，異成果事例）
実線距離＝1
破線距離＝0

訪問意向増　　訪問意向減

和歌山―奈良
沖縄―滋賀
三重―岐阜

福島―長野
群馬―兵庫

鳥取―埼玉
山口‐‐‐愛知

島根―佐賀
福井―山梨

MDSO（異条件，同成果事例）
ブール距離＝7
訪問意向増

秋田―鳥取

群馬―宮崎―京都
　　　　和歌山
　　　　宮崎
　　　　　　　　京都

質性と最大同質性になろう。

　各原因条件はそのアメニティ・イメージが増加（＝1）したか，あるいは減少（＝0）したかの2値である。各事例の原因条件構成は13種の2値変数の組み合わせである。事例間での類似性は，この13次元空間での距離で測ることができよう。特定事例ペアで距離が長ければ，それらの原因条件構成はより異質的になり，逆は逆である。

　2値変数の場合の距離指標には種々なものがあるが，ここではブール距離で測ることにしよう。ふたつの事例間でのブール距離とは，その値がマッチしない原因条件の数である。非マッチ数が多くなるほど，ブール距離は長く

なる。SPSSなど，2値変数で測定されたケース間の類似性を計算できる統計ソフトを利用すれば，表7.2のデータから原因条件構成上のブール距離を47都道府県間で計算することは容易である。

これによってえられる47×47の距離行列を見れば，図7.2のようなMSDO事例とMDSO事例を識別することができる。詳細な事例内研究のために，事例選択すればこれらが対象となろう。

▶原因条件の絞り込み

47事例すべてを対象にしたQCAを行うには，13種の原因条件をさらに絞り込む必要がある。MSDOとMDSOの結果から，とくに分析のために残すべき原因条件についての示唆を得ることができる。注目すべき原因条件は，MSDO（同条件・異成果事例）の場合には，事例ペア間で異なる原因条件である。これがMSDOでの結果の相違を生み出している。MDSO（異条件・同成果事例）の場合には，事例ペア間で共通している原因条件である。これがMDSOでの結果の同一性を作り出している。とくに訪問意向増という結果に共通して関連している原因条件が重要である。

表7.3は47事例についての真理表分析に残すべき重要条件を識別するための情報を要約している。MDSOとMSDOから得られる情報に加え，各原因条件が存在（＝1）する比率も示してある。これによって原因条件の状態が事例間でどう分散しているかを判断することができる。

47事例（＝試行数）で特定原因条件が存在する確率は2項分布に従い，その分散は確率が0.5の時に最大になる。全国比率をこの確率の推定値とみなすと，全国比率が50％の時に最大になり，事例間でもっとも分散しているはずである。このように分散が大きく，事例間で異なる可能性の高い原因条件ほど「結果」と強く関連する可能性がある。

このような観点から真理表分析に残すべき原因条件は，宿泊施設，イベン

表7.3 重要原因条件の識別

コード	アメニティ	略号	MDSO（異条件, 同成果）事例での共通条件ペア	MSDO（同条件, 異結果）事例での相違条件ペア	全国でのイメージ増加比率%
1	歴史伝統	hist			98
2	名所旧跡	lmrk			79
3	気候・風土	atom			96
4	自然	natr			91
5	アクセス便利	accs			96
6	施設・道路インフラ	trfi			98
7	宿泊施設	hotl			**53**
8	イベント・祭り	evnt			**45**
9	文化施設	cult			68
10	娯楽施設	lesr	有	有	**55**
11	商業施設	shop		有	**40**
12	土産物	gift	有	有	**49**
13	ご当地料理	lcok			72

ト・祭り，娯楽施設，商業施設，土産物である。あとふたつ加えるとすれば，文化施設とご当地料理がその候補となろう。

▶真理表分析

　取りあえず前の5種の原因条件で真理表を作成すれば，表7.4のようになった。5種の原因条件で論理的に可能な構成数は64（＝2^5）であるが，事例が観察できたのは表に示す24種の構成である。事例数が1以上でかつ素整合性0.75以上の構成について，訪問意向増減の値を増（＝1）とした。その上で真理表分析を行うと，複雑解，中間解，最簡解の3種の解を得た。これらのうちで，もっとも解釈しやすい中間解の結果を示すと，表7.5のようになる。

　この解は，観光地の訪問意向を増加するために，どのようなアメニティの

表7.4 真理表

アメニティ・イメージ増減					事例数	訪問意向増減	素整合度
土産物 gift	イベント・祭り evnt	宿泊施設 hotl	娯楽施設 lesr	商業施設 shop			
1	0	1	1	0	4	1	0.75
0	1	0	1	1	4	0	0.25
0	0	0	0	0	4	0	0
1	1	1	0	0	3	1	1
1	1	0	0	0	3	1	1
0	0	0	1	0	3	0	0
1	1	1	1	1	2	1	1
1	1	0	1	0	2	0	0
1	0	1	1	1	2	0	0.5
1	0	0	1	1	2	0	0.5
0	1	1	1	1	2	0	0.5
0	1	1	1	0	2	0	0
0	1	1	0	1	2	0	0
0	0	1	1	1	2	0	0.5
1	0	1	0	1	1	0	0
1	0	1	0	0	1	0	0
1	0	0	1	0	1	1	1
1	0	0	0	1	1	0	0
1	0	0	0	0	1	0	0
0	1	0	0	0	1	0	0
0	0	1	1	1	1	1	1
0	0	1	1	0	1	0	0
0	0	1	0	1	1	1	1
0	0	0	0	1	1	0	0

イメージを向上させればよいかについて，4種の経路があることを示している。それらは，(1)娯楽施設のイメージ改善がない場合は，イベント・祭りと土産物，(2)商業施設とイベント・祭りのイメージがともに低下している場合には娯楽施設と土産物，(3)イベント・祭りと土産物のイメージがともに低下

表7.5　中間解の論理式

	素被覆度	固有被覆度	整合性
~lesr * evnt * gift	0.315	0.316	1.000
+ ~shop * lesr *~evnt * gift	0.210	0.211	0.800
+ shop * hotl *~evnt *~gift	0.105	0.105	1.000
+ shop * hotl * evnt * gift	0.105	0.105	1.000

解被覆度 0.736　　解整合性 0.933

している場合には商業施設と宿泊施設，(4) 商業施設，宿泊施設，イベント・祭り，土産物のイメージをすべて改善するである。

　解被覆度は73.6％とかなり良好な結果を示している。これは原因条件の絞り込みが適切であったことの結果である。各十分条件経路の固有被覆度から見ると，各経路の重要性がわかる。最後の経路がもっとも低い。残りの3つの経路は，商業施設，娯楽施設，土産物，イベント・祭りなどのイメージが低下しても，訪問意向を向上させる道があることを示している。これらの経路では，特定のアメニティだけではなく，イベント・祭りと土産物，娯楽施設と土産物，商業施設と宿泊施設といった2種のアメニティの組み合わせが必要になる。

4. 最終結果の検討

　納得できる真理表分析の最終結果が得られると，最後にその解釈の作業がある。まず問題になるのは原因条件の重要性である。QCAがその分析結果として出す種々の指標がその手がかりになる。

◆原因条件の重要性

　まず，整合性が高くなるとその条件の重要性は高くなる。とくにそれが必

要条件や十分条件であるときにはそうである。また被覆度が高いということは経験データによって支持される度合いが高いということである。これもまたその条件の重要度の指標と考えられよう。次に，多くの因果経路で現れる条件もそうでない条件にくらべるとより重要であろう。上例では土産物（gift）は3種の因果経路で現れる。これは買い物（shop）や宿泊施設（hotl）よりも重要な条件であることはたしかだろう。

　上例のように因果複雑性が現れる場合には，個別条件の重要性は評価できないが，「結果」を生み出す因果経路の重要性はより正確に評価できる。娯楽施設はなくともイベント・祭りと土産物の結合からなる因果経路がもっとも重要な経路であることはたしかである。また土産物は娯楽施設（lesr）と結合するときも重要な役割を果たしている。

　真理表分析の最終結果の解釈にさいしてもっとも重要なことは，その解釈を各事例のコンテキストで行うことである。各原因条件が個々の事例でどのように作動しているのかを確認することによって，その事例をより深く理解することができよう。

◆**因果複雑性と事例内分析**

　さらに，QCAはとくに因果複雑性の世界を切り開く。その分析結果が各事例の特異なコンテキストでどのように作動しているのか。真理表の解式を念頭に事例内分析を行うことによって，「結果」を生み出すさいに各個別条件はどのように作用しているのか，またそれらの組み合わせからなる因果メカニズムは何か，について，多くの知見を得ることが期待できる。事例を形式的な真理表分析にかけ，その分析結果を念頭に事例内分析に立ち返るのである。

　QCA利用の事例分析は，そのリサーチ・プロセスで個別事例の事例内分析に絶えず立ち返る。しかしそれは事例内分析の単純な反復ではない。立ち返るたびに事例を眺めるまなざしは高度化し，その焦点はますます先鋭化し

ていく。「結果」を生み出す原因条件は何か，事例の母集団は何かといった問いから，理論概念への事例配属の適否や看過した原因条件の再探索，そして原因条件の重要性やそれらの複合連結が生み出す因果メカニズムの解釈へと，より高度な新しいまなざしをもって事例内分析を深化させていく。形式的分析と事例内分析の重層的な深耕過程，これはQCAを利用した事例分析の本質的特徴である。

参考文献

池尾恭一『マーケティング・ケーススタディ』碩学舎，2015年。
小川進『ユーザーイノベーション：消費者から始まるものづくりの未来』東洋経済新報社，2013年。
城戸健一『論理回路』森北出版，2001年。
佐藤郁哉『質的データ分析法：原理・方法・実践』新曜社，2008年。
鹿又伸夫，野宮大志郎，長谷川計二編著，『質的比較分析』ミネルヴァ書房，2001年。
田村正紀『ブランドの誕生』千倉書房，2011年。
田村正紀『業態の盛衰』千倉書房，2008年。
田村正紀『リサーチ・デザイン：経営知識創造の基本技術』白桃書房，2006年。
田村正紀『セブン-イレブンの足跡：持続成長メカニズムを探る』千倉書房，2014年。
永田博義『初めて学ぶディジタル回路とブール代数』オーム社，1996年。
矢作敏行『小売国際化のプロセス』有斐閣，2007年。

Brady, H.E. and D. Collier, eds., *Rethinking Social Inquiry: Diverse Tools, Shared Standards*, Rowman & Littlefield, 2004.（泉川泰博・宮川明聡訳『社会科学の方法論争：多様な分析用具と共通の基準』勁草書房，2008）

Caramani, D., *Introduction to the Comparative Methods with Boolean Algebra*, Sage Publications, 2009.

De Meur, G., Bursens, and A. Gottcheiner, "MSDO/MDSO revised for Public Policy Analysis," in B. Rihoux and H. Grimm, eds., *Innovative Comparative Methods for Policy Analysis*, Springer, 2006.

George, A.L. and A. Benett, *Case Studies and Theory Development in the Social Sciences*, MIT Press, 2005.（泉川泰博訳『社会科学のケース・スタディ：理論形成のための定性的方法』勁草書房，2013）

Goertz, G. and H. Starr, eds., *Necessary Conditions: Theory, Methodology and Applications*, Rowman & Littlefield, 2003.

Goertz, G., *Social Science Concept: A User's Guide*, Princeton University Press, 2006.

Goertz, G. and J. Mahoney, *A Tale of Two Culture: Qualitative and Quantitative*

Research in the Social Sciences, Princeton University Press, 2012.

Lagewie, N., "An Introduction to Applied Data Analysis with Qualitative Comparative Analysis(QCA)", *FQC*, Vol.14, No.3, 2013.

Ragin, C.C., *The Comparative Method: Moving beyond Qualitative and Quantitative Strategies*, University of California Press, 1987.(鹿又伸夫訳『社会科学における比較研究－質的分析と計量的分析の統合に向けて』ミネルヴァ書房, 1993)

Ragin, C.C. and H.C. Becker, eds., *What is a Case?: Exploring the Foundations of Social Inquiry*, Cambridge University Press, 1992.

Ragin, C.C., *Fuzzy-Set Social Science*, The University of Chicago Press, 2000.

Ragin, C.C., *Redesigning Social Inquiry: Fuzzy Sets and Beyond*, The University of Chicago Press, 2008.

Ragin, C.C., "Set Relations in Social Reseach:Evaluating Their Consistency and Coverage", *Political Analysis*, Vol.14, No.3, 2006.

Ragin, C.C., "Fuzzy Set: Calibration Versus Measurement", *Compass wpseries 2007-44*, 2007

Ragin, C.C., *User's Guide to Fuzzy-Set/Qualitative Comparative Analysis*, http://www.u.arizona.edu/~cragin/fsQCA/software.shtml, 2008. (森大輔訳「Fuzzy-Set/Qualitative Comparative Analysis：ユーザーガイド」, http://park18.wakwak.com/~mdai/qca/)

Lazarsfeld, P.F., A.K.Pasanella, and M.Rosenberg, eds., *Continuities in the Language of Social Research*,Free Press, 1972.

Rihoux, B. and C.C. Ragin, eds., *Configurational Comparative Methods: Qualitative Comparative Analysis (QCA) and Related Techniques*, Sage, 2009.

Schneider, C.Q. and C. Wagemann, *Set-Theoretic Methods for the Social Sciences: A Guide to Qualitative Comparative Analysis*, Cambridge University Press, 2012.

Thiem, A., "Set-Relational Fit and the Formulation of Transformational Rules in fsQCA", COMPASS Working Paper 2010-61, 2010.

Thiem, A. and A. Duşa, *Qualitative Comparative Analysis with R*, Springer, 2013.

Whitesitt, J.E., *Boolean Algebra and its Applications*, Dover Publications, 1995.

索引

【ア行】

逸脱事例⋯⋯⋯⋯⋯⋯⋯⋯⋯⋯⋯⋯14
因果異質性⋯⋯⋯⋯⋯⋯⋯⋯⋯⋯140
因果関係⋯⋯⋯⋯⋯⋯⋯⋯⋯⋯6, 66
因果経路⋯⋯⋯⋯⋯⋯⋯⋯⋯⋯⋯24
因果同質的な母集団⋯⋯⋯⋯⋯⋯141
因果非対称性⋯⋯⋯⋯⋯⋯⋯⋯⋯89
因果複雑性⋯⋯⋯⋯⋯⋯⋯⋯24, 88
因果複雑性と事例内分析⋯⋯⋯⋯213
因果命題⋯⋯⋯⋯⋯⋯⋯⋯⋯⋯⋯69
オッズ⋯⋯⋯⋯⋯⋯⋯⋯⋯⋯⋯⋯61

【カ行】

解整合性⋯⋯⋯⋯⋯⋯⋯⋯137, 149
概念の外延⋯⋯⋯⋯⋯⋯⋯⋯⋯⋯31
概念の内包⋯⋯⋯⋯⋯⋯⋯⋯⋯⋯31
解被覆度⋯⋯⋯⋯⋯⋯⋯⋯⋯⋯152
過程追跡⋯⋯⋯⋯⋯⋯⋯⋯⋯⋯⋯15
観光地アメニティ⋯⋯⋯⋯184, 187
完全資格⋯⋯⋯⋯⋯⋯⋯⋯⋯⋯⋯40
完全非資格⋯⋯⋯⋯⋯⋯⋯⋯⋯⋯40
完備真理表⋯⋯⋯⋯⋯⋯⋯⋯99, 113
吸収則⋯⋯⋯⋯⋯⋯⋯⋯⋯⋯⋯⋯57
共変動型⋯⋯⋯⋯⋯⋯⋯⋯⋯⋯200
距離尺度⋯⋯⋯⋯⋯⋯⋯⋯⋯⋯⋯32
空集合⋯⋯⋯⋯⋯⋯⋯⋯⋯⋯⋯⋯51
区切り点⋯⋯⋯⋯⋯⋯⋯⋯⋯33, 38
クラスター型の限定⋯⋯⋯⋯⋯⋯167
クリスプ集合⋯⋯⋯⋯⋯⋯⋯⋯⋯35
クリスプ集合での整合性⋯⋯⋯⋯134
クリスプ集合の被覆度⋯⋯⋯⋯⋯150
クワイン・マクラスキー法⋯⋯⋯115
経営学⋯⋯⋯⋯⋯⋯⋯⋯⋯⋯⋯⋯4
経営世界⋯⋯⋯⋯⋯⋯⋯⋯⋯⋯⋯2
経営法則⋯⋯⋯⋯⋯⋯⋯⋯⋯⋯⋯3
経験知⋯⋯⋯⋯⋯⋯⋯⋯⋯⋯⋯42
計量研究⋯⋯⋯⋯⋯⋯⋯⋯⋯32, 141
経路整合性と解整合性⋯⋯⋯⋯⋯148
ケース・メソッド⋯⋯⋯⋯⋯⋯⋯5
結果⋯⋯⋯⋯⋯⋯⋯⋯⋯⋯⋯⋯⋯3
「結果」概念⋯⋯⋯⋯⋯⋯⋯⋯⋯193
「結果」数値の設定法⋯⋯⋯⋯⋯111
結果の値⋯⋯⋯⋯⋯⋯⋯⋯⋯⋯111
「結果」の特定⋯⋯⋯⋯⋯⋯⋯⋯192
結合因果性⋯⋯⋯⋯⋯⋯⋯⋯⋯⋯89
結合則⋯⋯⋯⋯⋯⋯⋯⋯⋯⋯⋯⋯50
原因条件選択の作法⋯⋯⋯⋯⋯⋯195
原因条件の重要性⋯⋯⋯⋯⋯⋯212
原因条件の選択⋯⋯⋯⋯⋯⋯⋯194
原因条件の探索⋯⋯⋯⋯⋯⋯⋯199
原因条件の発見法⋯⋯⋯⋯⋯⋯199
研究課題⋯⋯⋯⋯⋯⋯⋯⋯⋯⋯192
原型事例⋯⋯⋯⋯⋯⋯⋯⋯⋯⋯⋯14
限定された多様性⋯⋯⋯⋯164, 166
限定された多様性の発生理由⋯⋯166
交換則⋯⋯⋯⋯⋯⋯⋯⋯⋯⋯⋯⋯50

恒等則 …………………………………… 57
固有被覆度 …………………………… 152
コンテキスト ………………………… 8

【サ行】

最簡解 ……………… 178, 180, 181, 210
最簡解の位置 ………………………… 176
最小値ルール ………………………… 48
最大値ルール ………………………… 48
3種の解の関係 ……………………… 179
3種の解のポジショニング ………… 179
3種の解の用途 ……………………… 122
閾値 …………………………… 34, 37, 44
事象制約と実務制約 ………………… 196
実例研究 …………………………… 7, 8
実例研究の欠陥 ……………………… 8
集合 …………………………………… 16
集合関係 ……………………………… 67
十分条件 ………………………… 69, 84
十分条件の検証 ……………………… 73
十分条件の探索手順 ………………… 74
十分条件の被覆度 …………………… 150
主項 ……………………………… 118, 126
主項チャート ………………………… 120
序数尺度 ……………………………… 32
事例 …………………………………… 5
事例間のブール距離 ………………… 207
事例研究（ケーススタディ）………… 5
事例研究のナビゲータ ……………… 26
事例研究への情報ニーズ …………… 7

事例選択の作法 ……………………… 196
事例内分析 …………………………… 198
事例容器 ……………………………… 30
真理表アルゴリズム …… 100, 102, 131
真理表行への事例帰属の方法 ……… 108
真理表の質チェックの作法 ………… 202
数量型の限定 ………………………… 167
素整合性 ……………………………… 137
素被覆度 ……………………………… 152
スモールデータ …………… 18, 20, 170
成員スコア ……………………… 40, 62
成員スコアの計算 …………………… 58
成功事例 ……………………………… 10
整合性 ………………………………… 138
整合性水準の設定 …………………… 144
整合性水準の設定方法 ……………… 142
成功要因 ……………………………… 10
線形加法モデル ……………………… 88
全国ブランド化 ……………………… 170
全体集合U …………………………… 51
先端事例 ……………………………… 14
創発事象 ………………………… 4, 21
属性空間 ……………………………… 106
ソフトR ……………………………… 17
ソフトRのQCAパッケージ ……… 64

【タ行】

対数オッズ …………………………… 61
代表事例 ……………………………… 14
多元結合因果 ………………………… 24

単純化想定 …………………………… 178
中間解 ………………… 177, 181, 184, 210
中間解を導く原理 …………………… 178
定性研究 ………………………… 32, 141
データ行列 ……………………… 23, 101
テキスト検索ソフト ………………… 199
デザイン・フィードバック ………… 190
デザイン・プロセス ………………… 190
デザイン・プロセスでの作法 ……… 191
ド・モルガン法則 ……………………… 53
同一則 …………………………………… 57
統計分析 ………………………… 4, 87
統計分析の失敗 ……………………… 169
等結果性 ………………………………… 89

【ナ行】
ナビゲータ ……………………… 25, 125
ナビゲータ機能 ……………………… 191
二項検定 ……………………………… 158
二値変数 ………………………………… 20

【ハ行】
範囲条件 ………………………………… 13
非対称的な因果関係 …………………… 68
ビッグデータ …………………………… 17
必要条件 ………………………… 70, 78, 84
必要条件の整合性 …………………… 155
必要条件の特質 ………………………… 80
必要条件の被覆度 …………………… 156
必要整合性水準 ……………………… 145

否定ルール ……………………………… 49
ヒューム ………………………………… 66
標準分析 ……………………………… 173
「標準分析」の戦略 ………………… 177
標準分析の戦略 ……………………… 173
標本 ……………………………… 6, 13
比例尺度 ………………………………… 32
ファジイ・コンセプト ………………… 21
ファジイ集合 …………………… 22, 35
ファジイ集合での整合性 …………… 135
ファジイ集合の曖昧性 ………………… 38
ファジイ集合の被覆度 ……………… 151
ファジー理論 …………………………… 16
ブール代数 ……………………………… 16
不可能型の限定 ……………………… 167
複雑解 ………………… 175, 179, 181, 210
複雑性 ………………………………… 177
複数解の特徴 ………………………… 122
複数事例の比較分析 …………………… 15
不整合の原因 ………………………… 139
プッシュ戦略 ………………………… 183
部分集合関係 …………………………… 69
部分的資格 ……………………………… 40
プル戦略 ……………………………… 183
分析者の判断介入 …………………… 102
分析プロセスの作法 ………………… 200
分配則 …………………………………… 50
ベイッチ図 …………………………… 116
方向期待 ……………………………… 178
補元則 …………………………………… 57

母集団⋯⋯⋯⋯⋯⋯⋯⋯⋯⋯⋯⋯13, 158
ポップアップ・ウィンドウ⋯⋯⋯126

【マ行】

未来解⋯⋯⋯⋯⋯⋯⋯⋯⋯⋯⋯⋯⋯182
無限母集団⋯⋯⋯⋯⋯⋯⋯⋯⋯⋯⋯147
無作為抽出⋯⋯⋯⋯⋯⋯⋯⋯⋯⋯⋯14
矛盾する条件構成⋯⋯⋯⋯⋯103, 133
「矛盾する条件構成」への対処⋯⋯202
矛盾する条件構成への対処作法⋯203
名義尺度⋯⋯⋯⋯⋯⋯⋯⋯⋯⋯⋯⋯32
命題⋯⋯⋯⋯⋯⋯⋯⋯⋯⋯⋯⋯⋯⋯45
目的・手段知識⋯⋯⋯⋯⋯⋯⋯⋯⋯5

【ヤ行】

有意水準⋯⋯⋯⋯⋯⋯⋯⋯⋯⋯⋯⋯146

【ラ行】

リサーチ・サイクル⋯⋯⋯⋯⋯⋯⋯124
リサーチ・サイクルでのQCA⋯⋯124
リサーチ・デザイン⋯⋯⋯⋯⋯⋯⋯15
リサーチ・プロセス⋯⋯⋯⋯⋯⋯⋯190
理論概念による分析焦点⋯⋯⋯⋯⋯12
理論事例⋯⋯⋯⋯⋯⋯⋯⋯⋯⋯⋯⋯11
理論知⋯⋯⋯⋯⋯⋯⋯⋯⋯⋯⋯⋯⋯42
レィギン⋯⋯⋯⋯⋯⋯⋯⋯⋯⋯⋯⋯16
論理演算子⋯⋯⋯⋯⋯⋯⋯⋯⋯⋯⋯49
論理簡単化⋯⋯⋯⋯⋯⋯⋯⋯⋯⋯⋯115
論理残余⋯⋯⋯104, 131, 140, 166, 168
「論理残余」行⋯⋯⋯⋯⋯⋯⋯⋯⋯164

論理残余と解の関係⋯⋯⋯⋯⋯⋯⋯172
論理積⋯⋯⋯⋯⋯⋯⋯⋯⋯⋯⋯⋯⋯46
論理的に余分な項⋯⋯⋯⋯⋯⋯⋯⋯119
「論理的に余分」な条件⋯⋯⋯⋯⋯116
論理和⋯⋯⋯⋯⋯⋯⋯⋯⋯⋯⋯⋯⋯45

【欧文】

fsQCA⋯⋯⋯⋯⋯⋯⋯⋯⋯⋯⋯17, 101
fsQCAの標準分析⋯⋯⋯⋯⋯⋯⋯121
INUS条件⋯⋯⋯⋯⋯⋯⋯⋯⋯⋯⋯92
MDSO⋯⋯⋯⋯⋯⋯⋯⋯⋯⋯⋯⋯204
MSDO⋯⋯⋯⋯⋯⋯⋯⋯⋯⋯⋯⋯204
QCA⋯⋯⋯⋯⋯⋯⋯⋯⋯⋯⋯⋯16, 67
QCAの手法特性⋯⋯⋯⋯⋯⋯⋯⋯19
SUIN条件⋯⋯⋯⋯⋯⋯⋯⋯⋯⋯⋯92
Tosmana⋯⋯⋯⋯⋯⋯⋯⋯⋯⋯⋯⋯17
Z検定⋯⋯⋯⋯⋯⋯⋯⋯⋯⋯⋯⋯⋯160
Z値の公式⋯⋯⋯⋯⋯⋯⋯⋯⋯⋯⋯160

【著者紹介】

田村正紀（たむら　まさのり）

現　　職　神戸大学名誉教授，商学博士
専　　攻　マーケティング・流通システム
主要著書　『マーケティング行動体系論』千倉書房，1971年，『消費者行動分析』白桃書房，1972年，『小売市場構造と価格行動』千倉書房，1975年，『現代の流通システムと消費者行動』日本経済新聞社，1976年，『大型店問題』千倉書房，1981年，『流通産業：大転換の時代』日本経済新聞社，1982年，『日本型流通システム』千倉書房，1986年（日経・経済図書文化賞受賞），『現代の市場戦略』日本経済新聞社，1989年，『マーケティング力』千倉書房，1996年，『マーケティングの知識』日本経済新聞社，1998年，『機動営業力』日本経済新聞社，1999年，『流通原理』千倉書房，2001年（中国語訳，China Machine Press, 2007年，朝鮮語訳，Hyung Seul Publishing Co., 2008年），『先端流通産業：日本と世界』千倉書房，2004年，『リサーチ・デザイン：経営知識創造の基本技術』白桃書房，2006年，『バリュー消費：「欲張りな消費集団」の行動原理』日本経済新聞社，2006年，『立地創造：イノベータ行動と商業中心地の興亡』白桃書房，2008年，『業態の盛衰：現代流通の激流』千倉書房，2008年，『消費者の歴史—江戸から現代まで』千倉書房，2011年，『ブランドの誕生—地域ブランド化実現への道筋』千倉書房，2011年，『観光地のアメニティ』白桃書房，2012年（編著），『旅の根源史：映し出される人間欲望の変遷』千倉書房，2013年，『セブン-イレブンの足跡：持続成長メカニズムを探る』千倉書房，2014年

■ 経営事例の質的比較分析
　　—スモールデータで因果を探る—

■ 発行日——2015年9月16日　初版発行　　　　　　　〈検印省略〉
　　　　　　2016年12月6日　初版第2刷発行

■ 著　者——田村正紀

■ 発行者——大矢栄一郎

■ 発行所——株式会社　白桃書房

〒101-0021　東京都千代田区外神田5-1-15
☎03-3836-4781　📠03-3836-9370　振替00100-4-20192
http://www.hakutou.co.jp/

■ 印刷・製本——藤原印刷

©Masanori Tamura 2015 Printed in Japan　ISBN 978-4-561-26664-8 C3034

本書のコピー，スキャン，デジタル化等の無断複製は著作権法上での例外を除き禁じられています。本書を代行業者等の第三者に依頼してスキャンやデジタル化することは，たとえ個人や家庭内の利用であっても著作権法上認められておりません。

JCOPY　〈(社)出版者著作権管理機構　委託出版物〉
本書の無断複写は著作権法上の例外を除き禁じられています。複写される場合は，そのつど事前に，(社)出版者著作権管理機構（電話03-3513-6969，FAX 03-3513-6979，e-mail：info@jcopy.or.jp）の許諾を得てください。
落丁本・乱丁本はおとりかえいたします。

田村正紀著
研究者に必要不可欠な３部作！

経営事例の物語分析
企業盛衰のダイナミクスをつかむ

特定企業の事例研究は，研究者・学生だけでなく，広く実務家の関心をも惹きつける。単独事例とならざるを得ないことが多いものの，成功や失敗，あるいは成長や衰退，復活，消滅といったその盛衰には種々のダイナミクスが働いており，それが経営知識化されれば実務家にとっての有用性はさらに高まる。

著者の提唱するこの物語分析の活用は，盛衰のダイナミクスを生み出したプロセスを〈出来事〉の連鎖からなる物語として解明し，経営知識とする先端手法である。本書では，その基本的な概念や技法を豊富な事例を交え解説しており，研究者と実務家の双方の関心に応える研究が可能となる。

その内容を紹介すると……。

・どのような事例を選択すべきか
・盛衰ダイナミクスの基本過程はどのようなものか
・過程の各局面で何に注目すべきか
・事例資料をどのように処理していくべきか

本体価格2,600円

著者の，経営研究方法論のテキストとして先に出版された2冊ともに経営分野を越え広く好評を博しており，本書もさまざまなフィールドで注目されよう。

経営事例の質的比較分析
スモールデータで因果を探る

質的比較分析（QCA）の解説書。QCAは，少数の事例からでも因果関係の把握が可能で，分析手続きも定まっており，原因条件や結果がファジーであっても活用できるため，特に経営分野ではその有効性は高い。

本体価格2,700円

リサーチ・デザイン
経営知識創造の基本技術

経営現象から質の高い新知識を迅速に効率よく創造することが今求められる。本書はリサーチ・デザインの基本原理を我が国で初めて体系的に解説。論文，レポート作成を目指す社会人院生，学部学生，産業界のリサーチ担当者必携の書。

本体価格2,381円

白桃書房

101-0021 東京都千代田区外神田5-1-15
TEL 03-3836-4781　FAX 03-3836-9370　http://www.hakutou.co.jp/　E-mail info@hakutou.co.jp
価格には別途消費税がかかります。